Resilienz

Die eigene psychische Widerstandskraft aufbauen und erhalten

Klaus de Jong

„Bewahre mich vor dem naiven Glauben, es müsste im Leben alles gelingen.
Schenke mir die nüchterne Erkenntnis, dass Schwierigkeiten, Niederlagen, Misserfolge, Rückschläge eine selbstverständliche Zugabe zum Leben sind, durch die wir wachsen und reifen."

(Antoine de Saint Exupéry)

Autor: Klaus de Jong
Coverdesign: Eduversum Verlag, Wiesbaden

ISBN: 9789403670430

Vorwort

Die Begriffe Resilienz und Ressourcen sind eng mit einander verwandt und aufeinander bezogen. Resilienz meint den Grad einer persönlichen Widerstandskraft bei starken Belastungen und kritischen Situationen. Ressourcen sind alle vorhandenen bzw. aktuell aktivierbaren Fähigkeiten, um eine herausfordernde bzw. belastende Situation bestmöglich bewältigen oder eine Aufgabe lösen zu können.

Jeder Mensch hat schon von klein auf Erfahrungen mit verschiedensten Problemen oder Belastungen gemacht und dabei eine innere Haltung dazu aufgebaut. Hierbei greifen sowohl genetische Anlagen als auch Lernprozesse ineinander. Ebenso ist entscheidend, wie ein Mensch mit stressauslösenden Gegebenheiten oder Situationen umgeht. Welche Bewältigungsstrategien er erprobend sich angeeignet hat. In der Kindheit geschieht dies mehr intuitiv: Was ein Gelingen bewirkt, das wird gemerkt. Im fortgeschrittenen Jugend- und jungen Erwachsenenalter besteht so meist ein mehr oder weniger gefestigter Fundus von Ressourcen. Diese werden sowohl intuitiv als auch mehr oder weniger bewusst eingesetzt, wenn es gilt, eine kritische Situation lösungsbezogen zu bewältigen. Im Erwachsenenalter, sollte es zunehmend gelingen aus einer Metaebene heraus eine Herausforderung oder Belastung zu betrachten. Die Betrachtung aus der Metaebene gestattet es, ein Problem aus verschiedenen Perspektiven zu betrachten und so umfassendere Informationen zu gewinnen, um eine möglichst passende Lösungs- und Handlungsstrategie, ggf. auch mit einem Plan „B“ zu generieren.

In diesem Buch erfahren Sie sowohl wie jedes menschliche Gehirn arbeitet als auch was es so mit unserer Wahrnehmung in Bezug auf die Realität auf sich hat. Sie erhalten Einblick ins systemische Denken und welche Wirkungen dies entfalten kann. Sie erfahren auch, welche Bedeutung einer „Kooperation“ von Intentionsgedächtnis und Extentionsgedächtnis zukommt und wie es gelingt, zwischen diesen beiden immer wieder eine individuell stimmige Balance zu gewinnen. Sie lernen die Elemente kennen, aus denen sich eine Resilienz zusammensetzt und wie sie jedes dieser Elemente bewusst stärken können. Sie bekommen Anregungen, wie Sie sich über ihre Ressourcen klar werden, diese für sich sichern und weiter gezielt ausbauen. Mit dem Züricher Ressourcenmodell erhalten Sie Einblicke, wie ein solcher Ausbau der eigenen Ressourcen gelingen kann.

Inhaltsverzeichnis

1 Resilienz, was ist das? eine Annäherung

„Wir wollen doch sehn, ob nicht die allermeisten sogenannten ‚unübersteiglichen Schranken' die die Welt zieht, sich als harmlose Kreidestriche herausstellen!"
(Lou Andreas-Salomé)

Verschiedene Menschen reagieren und agieren unterschiedlich auf Zumutungen oder Herausforderungen, die sich ihnen in ihrem Leben stellen. Die einen werden situativ oder grundsätzlich von einer Zumutung oder Herausforderung psychisch überwältigt. Sie erstarren quasi innerlich: „Warum muss gerade mich das ... treffen?"; „Nicht schon wieder!"; „Auch das noch!"; „Ich bin damit total überfordert!" usw.. Eine andere Person wiederum, sieht in einer Zumutung oder Herausforderung eher Elemente, die das Leben eben so mit sich bringt und die situativ stimmig zu bewältigen sind. Diese Person geht sowohl mental als auch physisch aktiv an die jeweilige Situation heran. Sie nimmt die Situation an ähnlich einem Kapitän auf „großer Fahrt", der auf der Brücke seines Schiffes steht und das Aufziehen bzw. Herannahen eines Sturmes als herausfordernde Gegebenheit beobachtet und annimmt. Ein solcher Kapitän wird sowohl die Qualitäten und Möglichkeiten seines Schiffes, die Fähigkeiten seiner Besatzung als auch die seiner selbst reflektieren. Er wird daraus Folgerungen ziehen und dann Handlungsoptionen für verschiedene Szenarien abschätzen bzw. entwerfen sowie einzelne passende Schritte einleiten. Was bedeutet, dass er sein Wissen und alle seine bisherigen Erfahrungen, auch unter Einbezug seiner engeren Mitarbeitenden aktiviert und dann Entscheidungen trifft: So gelingt es ihm gezielt und gelassen erforderliche sowie passende Maßnahmen zu ergreifen und umzusetzen.

Lassen sich stimmige Faktoren finden, warum z.B. Jugendliche im Laufe ihrer jeweiligen individuellen Entwicklung auf die schiefe Bahn kommen und andere bei ähnlichem Elternhaus oder ähnlicher Umwelt sich positiv entwickeln, die Schule und ihre Ausbildung meistern sowie ihren Platz im Leben finden? Als Beispiel sei der in der Presse und den Medien aufgegriffene Fall einer jungen Frau genannt, die sich nach acht Jahren eines grausamen Marthyriums auch öffentlich als lebensfroher Mensch vorstellte.

Sich daraus ergebende Fragen erforschen Psychologen, z.B.: Welche Faktoren der individuellen Entwicklung sowie der inneren Haltung bzw. einer „robusten Seele“ wirken in einem solchen Menschen? Gibt es individuelle Ressourcen oder schützende psychische Mechanismen, die womöglich schon in der frühen Kindheit wirken oder gar im pränatalen Stadium eines solchen Menschen bereits angelegt sind?
Es ist die psychologische Resilienzforschung die diesen Fragen nachgeht: Wie gehen Menschen mit kritischen Ereignissen bzw. Situationen, herausfordernden Umweltbedingungen oder latenten Risikobedingungen um? Wie wirken ungünstige Lebensbedingungen oder schon in der Kindheit erfahrene tiefgreifende, möglicherweise existensbedrohende Konflikte auf die jeweilige psychische Entwicklung eines jungen Menschen?
Gesucht wurden zuerst mögliche Risikofaktoren. In jüngerer Zeit nahm und nimmt die Forschung vorstärkt die Faktoren in den Blick, die eine psychische Stabilität ermöglichen: Welche mentalen Qualitäten ermöglichen es, dass ein Mensch selbst unter widrigen Bedingungen bzw. Umständen innerlich so stark bzw. psychisch so stabil werden kann, dass er widrige Situationen und Belastungen effektiv und effizient bewältigen kann? Hier stellte und stellt sich die Frage nach individuellen Ressourcen. Genauso wird der individuelle Umgang mit Risikofaktoren oder belastenden Lebenssituationen in den Blick genommen (positive Psychologie). Auch wirkt hier in jüngerer Zeit ein weiteres Forschungsfeld mit, das der Soziologie.
Die Risikoforschung, die sich mit individuellen Risikoexpositionen und Risikofaktoren befasst, wird ergänzt durch das Betrachten von risikobehafteten Situationen, wo mehrere Akteure aufeinander treffen (gesellschaftliche Krisenkonstellationen). Wichtige Fragen sind beispielsweise, wie sich die individuelle Wahrnehmung von Risiken gestaltet und auswirkt oder wie der individuelle Umgang mit krisenbehafteten Situationen (Blick auf Stressoren) erfolgt?
Hier rücken auch systemische Fragen in den Blick, z.B. die nach der Vulnerabilität einer Person. - Vulnerabilität umfasst die Verletzlichkeit eines Menschen. Gemeint ist damit z.B. die Frage wie lange ein Mensch nach kritischen Situationen oder Ereignissen bzw. nach stark belastenden Problemen benötigt, um sich wieder zu erholen: Wie gelingt es wieder in eine psychische Balance zu kommen, die entspannend wirkt? Vulnerabilität ist damit der Antipode der Resilienz. -

Ein wichtiger Ansatz der positiven Psychologie ist der Solutogenese-Ansatz (Aaron Antonovsky, 1997). Er umfasst die Konzentration auf gesundheitsförderliche Ressourcen sowie eine konsequente Lösungsorientierung. Für Antonovsky moderiert die innere Stimmigkeit bzw. innere „dynamische Balance" (Ruth Cohn) das psychische und körperliche Wohlbefinden. Menschen mit einem hohen Kohärenzgefühl empfinden ihr Leben als sinnvoll, handhabbar und nachvollziehbar. Das Kohärenzgefühl wird im Wesentlichen im Kindes- und Jugendalter ausgebildet. Es umfasst im wesentlichen folgende Faktoren:

1. „Das Gefühl der Verstehbarkeit aktueller Situationen und Ereignisse.
2. Das Gefühl der Handhabbarkeit der Zumutungen in schwierigen Situationen, was heißt, diese meistern zu können;
3. Das Gefühl der Sinnhaftigkeit der erlebten Situationen." (Fröhlich- Gildhoff, K./ Rönnau- Böse, M. ; Resilienz. München 2009)

Die Ausprägung und Stabilität des Kohärenzgefühls beruht auf den individuellen Erfahrungen im Leben: Zentral dabei sind Erfahrungen der positiven Wertschätzung, einem ausgewogenen Verhältnis von Anstrengung und Erholung sowie der eigenen, wertschätzenden Teilhabemöglichkeiten im sozialen Kontext. Solche positiven Erfahrungen erzeugen in einem Menschen Gefühle des Wohlbefindens und der Zufriedenheit. Elemente dazu sind erfahrene positiv erlebte Zuwendung, erfahrener Respekt, echte Freude, Zuversicht, und „Flow". Für zukünftige Herausforderungen bewirken sie einen grundsätzlich positiven Blick auf die eigene Zukunft: Wachsende Elemente daraus sind Optimismus, Hoffnung und Glauben. Im sozialen Kontext wird ein Mensch, der oben genannte Merkmale zeigt, als mitfühlende, vertrauensvolle und kompetente Person wahrgenommen und geschätzt. Ein solcher Mensch zeigt immer wieder, dass er auch in kritischen Lebenssituationen mit zuversichtlicher Gelassenheit sowie hohem Verantwortungsbewusstsein handelt. So gelingt es ihm verschiedenste kritische Situationen erfolgreich z.B. sowohl individuell als auch im Team zu meistern.

Eine mögliche, vorläufige Definition von Resilienz wäre: „Resilienz ist das Endprodukt von Prozessen, in denen Zumutungen und Stress nicht eliminiert, sondern Menschen befähigt werden, effektiv und effizient damit umzugehen. Es ist ein dynamischer Prozess." (nach Heimreich, I. / Lieb, K; 2015)

1.1 Resilienz - weitere Definitionsversuche

Es gibt verschiedene Definitionsversuche was unter Resilienz zu verstehen sei:
Das englische Wort „resilience" bedeutet Widerstandsfähigkeit, Spannkraft und Elastizität. Mit Bezug auf einen Menschen bedeutet dies „die Fähigkeit einer Person erfolgreich mit belastenden Lebensumständen und negativen Stressfolgen umgehen zu können". Häufig wird Resilienz in Bezug auf Kinder gesehen und meint dann „die Widerstandsfähigkeit von Kindern gegenüber biologischen, psychologischen und psychosozialen Entwicklungsrisiken." (Wurstmann 2004) Redl (1969) nennt in seiner psychosozialen Definition von Resilienz, dass diese die „Fähigkeit," umfasse „trotz widriger Umstände den erschwerenden Einflüssen zu widerstehen und nach kurzer Zeit ohne fremde Hilfe zum normalen Funktionsniveau zurückzukehren" (Ridl, 1969) Masten et al. (1990) sehen Resilienz als „einen Prozess und die Fähigkeit, eine erfolgreiche Anpassung vorzunehmen auch wenn Bedingungen bestehen, die dies erschweren bzw. bedrohen." Kalisch sieht Resilienz als die Fahigkeit „der Aufrechterhaltung oder schnellen Wiederherstellung der psychischen Gesundheit während und nach Widrigkeiten." (Kalisch 2020) Welter - Enderlein (2006) sehen aus entwicklungspsychologischer Sicht „Resilienz als die Fähigkeit von Menschen, Krisen im Lebenszyklus unter Rückgriff auf persönliche und sozial vermittelte Ressourcen zu meistern und als Anlass für Entwicklung zu nutzen." Es gibt somit keine einheitliche Begriffserklärung was Resilienz ist. Allen Definitionsversuchen ist gemeinsam, dass Menschen, die für sie schwierige Situationen meistern, ohne darin oder dadurch längerfristig psychische Beeinträchtigungen zu zeigen als resilient bezeichnet werden.

1.2 Resilienz - ein Konglomerat von Schutzmechanismen

Dieses Anpassen an subjektiv aktuell nicht veränderbare Gegebenheiten und damit dem selbständigen Widerstehen bei Zumutungen und Widrigkeiten sowie die Fähigkeit, unter Einsatz eigener Ressourcen jeweilige Bewältigungstrategien einzusetzen umfasst auch, in und aus jeder kritischen Situation zu lernen. Dies führt zu erweiterten und neuen Ressourcen und Erfahrungen.

Resilienz beruht auf Erfahrungen aus bisherigen individuellen Anpassungs- und Interaktionsprozessen mit Gegebenheiten und in Situationen aus/in der Umwelt. Dabei sind auch die reflektierten Erfahrungen mit sich selbst entscheidend bei Lernprozessen und Strategien zum Rückgewinnen psychischer dynamischer Balance: Resilienz ist mehr als die Abwesenheit von Beeinträchtigungen oder Störungen. Sie umfasst vielmehr auch den Erhalt und den Neuerwerb alters- und situationsangemessener Fähigkeiten und Kompetenzen (Ressourcen). (Siehe Wurtmann, 2004)

Zentral ist somit die Erkenntnis, dass Resilienz eine dynamische Fähigkeit ist. Elemente von Resilienz können individuell erlernt und trainiert werden. Jeder Mensch interagiert in seinem Leben aktiv mit seiner Umwelt. Somit verändert sich auch seine Resilienz abhängig von gemachten Erfahrungen beim Bewältigen von an ihn gestellten Anforderungen bzw. Zumutungen.

1.3 Risiko-Modell von Resilienz

Beim Vorgehen nach dem Risiko-Modell bzw. der Betrachtung und Analyse des Verhaltens bzw. geäußerter Empfindungen oder Gefühlen eines Menschen kann auf dessen wahrscheinliche Resilienz geschlossen werden. Instrumente dazu sind z.B. Beobachtungen konkreten Verhaltens in kritischen Sitationen, Interviews mit Fragen nach dem Verhalten in Situationen mit hohen Zumutungen oder spezifische Fragebögen zu bisher erfahrenen, stark herausfordernden Situationen und eigene Verhaltenspräferenzen dabei. Die Ausprägung sowie die Gesamtheit der wahrnehmbaren psychisch stark belastendend wirkenden Faktoren, die ein Mensch unter Druckbedingungen, gegebenen Zumutungen oder besonders schwierigen Gegebenheiten oder Situationen zeigt, lässt Rückschlüsse auf den wahrscheinlichen Grad der Resiiienz bzw. der Vulnerabilität eines Menschen zu. In der folgenden Tabelle finden Sie beispielhaft solche Risikofaktoren. Der Blick richtet sich dabei zum einen auf das Individuum und zum andern auf negativ wirkende Einflüsse aus der Umwelt:

Vulnerabilität (Individuum)	Risikofaktoren (Umweltbezug)
• Prä-, peri- und postnatale Faktoren (z.B. Frühgeburt, Geburtskomplikationen, niedriges Geburtsgewicht,	• Niedriger sozioökonomischer Status, chronische Armut • Aversives Wohnumfeld • Chronische familiäre Disharmo-

Erkrankung des Säuglings) • Neuropsychologische Defizite • Psychophysiologische Faktoren (z.B. sehr niedriges Aktivitätsniveau) • Genetische Faktoren (z.B. Chromosomenanomalien) • Chronische Erkrankungen (z.B. Asthma, Neurodermitis, schwere Herzfehler, hirnorganische Schädigungen) • Schwierige Temperamentsmerkmale, frühes unruhiges impulsives Verhalten, hohe Ablenkbarkeit • Unsichere Bindungsorganisation, [unsicher-vermeidende, unsicher-ambivalente und desorganisierte Bildungserfahrungen] • Geringe kognitive Fähigkeiten: niedriger Intelligenzquotient, Defizite in der Wahrnehmung und sozialkognitiven Informations-verarbeitung • Geringe Fähigkeiten zur Selbstregulation von Anspannung und Entspannung.	nie • Elterliche Trennung und Scheidung • Konflikte der Eltern • Wiederheirat eines Elternteils, häufig wechselnde Partnerschaften der Eltern • Arbeitslosigkeit der Eltern • negatives mütterliches Ernährungsverhalten • Alkohol-/ Drogenmissbrauch der Eltern • Psychische Störungen oder Erkrankungen eines bzw. beider Elternteile • Niedriges Bildungsniveau der Eltern • Erziehungsdefizite/ ungünstige Erziehungspraktiken der Eltern (z.B. inkonsequentes, zurückweisendes oder inkonsistentes Erziehungsverhalten, körperliche Bestrafungen, mangelnde Feinfühligkeit und Responsivität) • Gewalt und Misshandlung innerhalb der Familie • Sehr junge Elternschaft • Negatives Pflegeverhalten der Mutter • Häufige Umzüge, häufiger Schulwechsel • Migrationshintergrund • Soziale Isolation der Familie • Verlust eines Geschwisters, enger Freunde • Geschwister mit einer Behinderung, Lern- und Verhaltensstörung • Mehr als vier Geschwister • Mobbing/ Ablehnung durch Gleichaltrige

1.4 Risiko-Schutzfaktoren-Modell von Resilienz

Resilienz entsteht als dynamische Fähigkeit im Zusammenspiel verschiedener Einflussfaktoren. Sie ist:

- **dynamisch** und damit ein zeitlicher Prozess im Kontext von Mensch-Umwelt Interaktionen. Sie ist variabel und damit zu verschiedenen Entwicklungsstadien verschieden. Desgleichen können Schutzfaktoren je nach Kontext zu Risikofaktoren werden und umgekehrt.
- **situationsspezifisch** und damit sind manche Schutzfaktoren abhängig in ihrer Wirkung bzw. Wirkungsweise von den aktuellen situativen und personalen Gegebenheiten.
- **multidimensional,** damit können Schutzfaktoren in verschiedenen Kontexten oder Lebensbereichen unterschiedlich wirkmächtig sein. Zudem stehen sie in Wechselwirkung zu anderen Faktoren. Sie können sich auch gegenseitig moderieren, d.h. sie wirken in unterschiedlichem Maße zusammen. (nach Heimreich, I. / Lieb, K; 2015)

Der aktuelle Fokus der Resilienzforschung liegt „aufgrund der neuen technischen und wissenschaftlichen Möglichkeiten auf der Entwicklung von umfassenden multikausalen Mehrebenenmodellen, die versuchen, das hochkomplexe Zusammenspiel von neurobiologischen, physiologischen und psychosozialen Prozessen sowie der Gen-Umwelt-Interaktion in einem Modell zu integrieren. Untersuchungen an erwachsenen Zwillingspaaren konnten beispielsweise zeigen, dass Resilienz zu 50 % genetisch und zu 50 % von Umweltfaktoren determiniert wird." (Heimreich, I. / Lieb, K; 2015) Um das komplexe Phänomen der Resilienz besser fassen zu können, wurde es in einzelne Themen aufgeteilt, den Risiko- sowie Schutzfaktoren. Bei Resilienz - Schutzfaktoren gilt es immer im Blick zu behalten, dass diese Faktoren hochgradig von einander abhängig sind und meist in enger Wechselwirkung zueinander stehen. Ebenso ist bedeutsam, dass meist erst situativ und individuell sich entscheidet, ob ein Faktor ein Risiko bildet oder ob er als Schutz wirkt.

Im Erwachsenenalter sind folgende „personale Ressourcen als Resilienzfaktoren gut belegt:

- Positive Emotionen, das heißt regelmäßig positive Gefühle und Stimmungen erleben.

- Optimismus, das heißt stabile Tendenz zu positiven Ergebniserwartungen.
- Hoffnung, das heißt die positive Erwartung, ein Ziel/einen Wunsch „bei umsetzbarer Anstrengung und Ausdauer" zu erreichen.
- Selbstwirksamkeitserwartung, das heißt das Vertrauen, Anforderungssituationen aus eigener Kraft bewältigen zu können.
- Soziale Unterstützung, das heißt Zugriff auf ein funktionierendes soziales Netzwerk zu haben.

Zusätzlich zu den genannten Schutzfaktoren werden noch folgende Faktoren diskutiert: Kontrollüberzeugung, Coping, Selbstwertgefühl, Kohärenzgefühl, Hardiness, Religiosität und Spiritualität. Diese sind aber weniger gut belegt oder stellen eher einen Risikofaktor dar, wenn sie als Ressource nicht vorhanden sind." (Heimreich, I. / Lieb, K; 2015)

Die nachfolgende Tabelle zeigt beispielhaft risikomindernde Faktoren im Kindes- und Jugendalter :

Kindbezogene Schutzfaktoren	Umfeldbezogene Schutzfaktoren
Personbezogene Faktoren • Mädchen • erstgeborenes Kind • positives Temperament (aktiv, offen, flexibel • überdurchschnittliche Intelligenz **Resilienzfaktoren** • positives Sozialverhalten • positives Selbstwertgefühl und erfahrene positive Selbstwirksamkeit („Ich schaffe das!") • aktives Bewältigungsverhalten	**Schutzfaktoren in der Familie** • stabile emotionale Beziehung zu einer Bezugsperson • offenes, unterstützendes Erziehungsklima • familiärer Zusammenhalt • Modelle positiven Bewältigungsverhaltens **Schutzfaktoren im sozialen Umfeld** • Soziale Unterstützung • Positive Freundschaftsbeziehungen • Positive Schulerfahrungen

(modifiziert nach Laucht/ Esser/ Schmidt 1997; Scheithauer/ Niebank/ Petermann 2000; in: Behrens, 2009)

1.5 Sieben Säulenmodell der Resilienz

Ein übersichtliches Modell der Resilienz ist das Sieben Säulenmodell. Es besteht aus vier Grundhaltungen und drei Praktiken. Es sind allesamt Faktoren, die durch häufiges Anwenden und Wiederholen sowie Trainieren jeweiliger Teilelemente eines Faktors erlernbar und damit stärkbar sind.

Vorhandenen aktuellen Risikofaktoren wirken die aktuell aktivierbaren Resilienzfaktoren d.h. Schutzfaktoren bzw. Schutzmechanismen) entgegen. Diese Schutzfaktoren bzw. Schutzmechanismen beinhalten situativ aktivierbare persönliche Ressourcen, die in einer jeweiligen Situation, den auftretenden, wahrgenommenen bzw. wirkenden Zumutungen entgegenwirken, z.B. psychischem Druck, Belastungen oder tatsächlichen bzw. empfundenen Krisen bei einem Menschen. Sie bewirken eine stabilisierte Handlungsfähigkeit bzw. situative Handhabbarkeit. Dadurch stellt sich bei einem Menschen Zuversicht und ein grundlegendes Wohlbefinden ein.

Das 7-Säulenmodell ist gut überschaubar und beruht auf Grundhaltungen und Praktiken. Grundhaltungen umfassen und beschreiben die jeweilige innere Haltung eines Menschen. Es sind die Einstellungen, Gedanken und Vorstellungen (Gedankenmuster) in Bezug zu der ihn umgebenden Außenwelt und durch sie in ihm ausgelösten Gefühle.

Grundhaltungen sind in diesem Modell: Optimismus, Lösungsorientierung, Akzeptanz und Netzwerkorientierung.

Praktiken sind in diesem Modell die eingesetzten Handlungsmuster: Eigenverantwortung, Selbstregulierung und Zukunftsplanung.

1.6 10-Faktorenmodell der Resilienz

Zu diesem sehr geläufigen 7-Faktoremmodell gibt es zahlreiche Abwandlungen. Es sei daher noch auf ein weiteres, interessantes Modell eingegangen. Dieses stellt Faktoren des Kohärenzgefühls in seinen Mittelpunkt und sieht die anderen als darauf aufbauend bzw. von diesem ausstrahlend. Es bezieht auch pauschal die aus der Umwelt einwirkenden Gegebenheiten mit ein.

Dieses Modell weist zehn Faktoren auf. Dabei stehen drei Faktoren im Mittelpunkt, die zusammen die Grundlage des Kohärenzgefühls bilden. Es greift mehr Resilienzfaktoren auf als das 7-Säulenmodell. Auch hat es eine Art Hierarchie; denn die drei im Inneren abgebildeten Faktoren bilden die wichtigen Grundlagen für alle anderen Faktoren. Falls bei einem Menschen einer der Faktoren unterdurchschnittlich ausgeprägt ist oder gar fehlt liegt ein Risikofaktor vor. Dies gilt im Besonderen für die grundlegenden drei Faktoren im Inneren des Modells.

Die Dreiecke als Repräsentanten des jeweiligen Resilienzfaktors sind gleich geformt und gleich groß. Dies will symbolisieren, dass sie gleich bedeutend bzw. gleichgewichtig sind und den jeweiligen Situationen angepasst sich gegenseitig moderieren bzw. zusammenwirken.

Wie beim 7-Säulenmodell gilt es auch hier, einzelne Resilienzfaktoren zu verbessern. Liegt durch einen fehlenden oder wenig ausgeprägten Faktor ein Risikofaktor vor, gilt es diesen zu sehen, sein momentanes Fehlen anzuerkennen und dann z.B. mit der Frage: „Was nun, wie kann ich das ändern? Eine persönliche Strategie zu entwickeln, um aus dem Risikofaktor sukzessive unter persönlicher Zielsetzung, Anstrengung und Dranbleiben konsequent und schrittweise den Wandel hin zum Resilienzfaktor einzuleiten bzw. zu vollziehen. Entscheidend dabei sind eine realistische Selbstwahrnehmung, ein zielgerichtetes, konsequentes Handeln (z.B. mittels eines Selbstvertrags), dem Würdigen der je eigenen Anstrengung, Geduld und Humor mit sich selbst. Sind aktuell z.B. nur kleine Fortschritte möglich, dann gilt es den Respekt vor sich selbst als für sich grundlegend wichtigste Person zu wahren, was bedeutet: Unterlassen von Selbstanklagen oder Selbstbeschimpfungen, sondern dagegensetzen des Wahrnehmens auch kleiner Ergebnisse und Zuversicht sowie Ergreifen jeder sich bietenden Chance für ein Weiterkommen in Richtung des persönlich gesetzten Ziels. - Übrigens: Wichtig ist das „Feiern“ von kleinen gelungenen Schritten bzw. deren Ergebnisse („Ich habe das geschafft!) auch mit Blick auf den nächsten Schritt. So fallen zukünftig erforderliche Schritte bzw. Anstrengungen und damit verbundene Herausforderungen psychisch gefühlt leichter (realistischer Optimismus, Ansprechen des inneren Belohnungssystems).

Im Folgenden sehen Sie die zugehörige Grafik, die dieses Modell veranschaulicht:

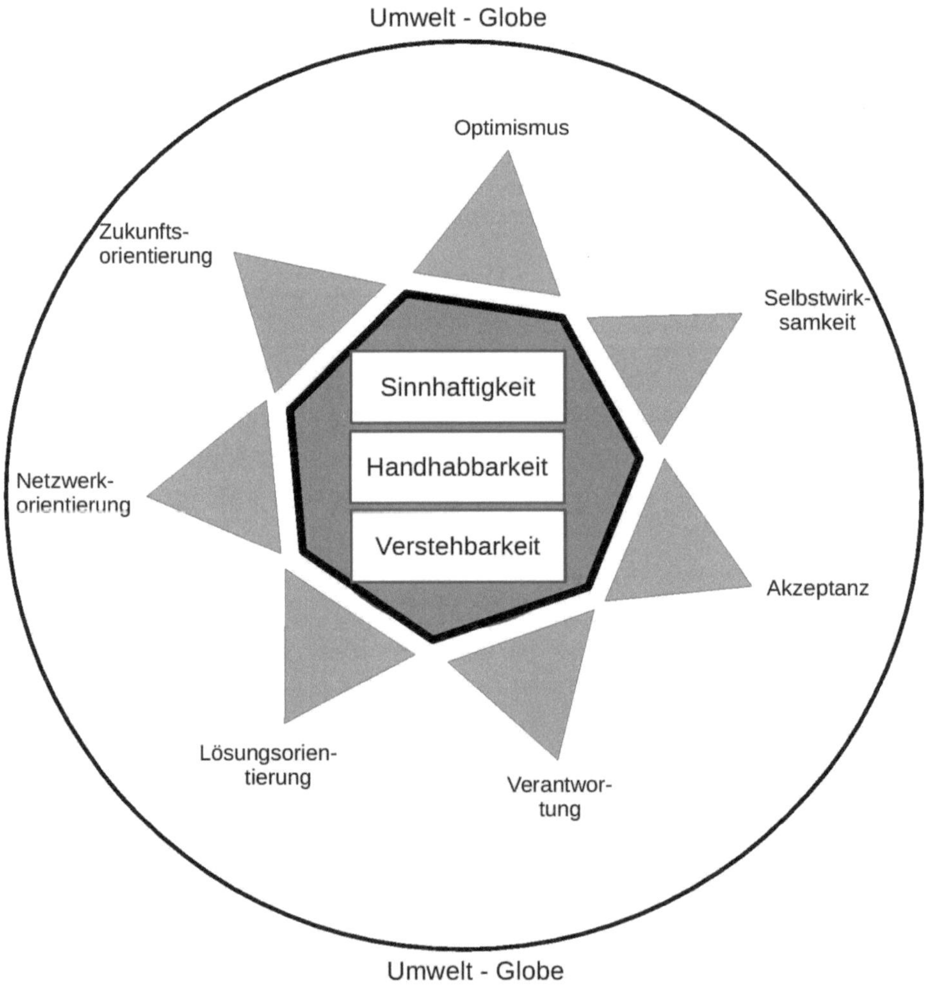

In den folgenden Kapiteln werden Elemente und Ausprägungen einzelner Resilienzfaktoren genauer benannt.

Im Anschluss daran wird der Begriff der „Ressource“ genauer geklärt und inhaltlich präzisiert.

Darauf aufbauend erfahren Sie Elemente der Arbeitsweise unseres Gehirns, so z.B. der Wahrnehmung. Ebenso erfahren Sie mögliche Ansätze, um jeweilige Resilienzfaktoren zu stärken bzw. Ansätze, um Risikofaktoren durch passendes mentales und reales Handeln bzw. Training sukzessive so umzuformen, dass aus einem Risikofaktor ein Resilienzfaktor werden kann.

1.7 Elemente einzelner Resilienzfaktoren bzw. deren Ausprägungen

Im Kernbereich von Resilienz steht das Kohärenzgefühl mit seinen drei Faktoren: Verstehbarkeit, Handhabbarkeit und Sinnhaftigkeit. Sie eröffnen die solugenetische Perspektive (Antronovsky, 1997). Antonowsky vergleicht in einer Metapher das Leben mit einem mehr oder weniger gefährlichen Fluss, in dem z.B. ein Mensch schwimmt. Nun kommen z.B. gesellschaftlich bedingte Elemente dazu: Der Flusslauf und die Fließgeschwindigkeit können entschärft worden sein. Ebenso kommt es darauf an, ob dem Menschen das Schwimmen beigebracht worden ist. Auch individuelle bzw. persönliche Elemente, nämlich Persönlichkeitseigenschaften wirken im Kontext, wie z.B. die Qualität des Schwimmenkönnens, die aktivierbare, individuelle Kraft, der Durchhaltewille, die Ausdauer und eigene Strategien regulieren das Geschehen. Diese Metapher veranschaulicht das Kohärenzgefühl eines Menschen als eine Verknüpfung verschiedener Elemente in einem aktiven, labilen, permanenten und zugleich dynamisch regulierten Geschehen.

Der solugenetische Ansatz setzt zusätzlich auf die Fähigkeit jedes Menschen, sowohl seinen Körper als auch seine Psyche zu stärken und damit widerstandsfähiger zu machen: Einsatz und Nutzen je eigener Ressourcen: Ressourcenorientiertes Denken unter Einbezug aller bisher gemachten Erfahrungen und Lebensaspekte (systemisches Denken und damit systemangemessenem Handeln). - Was der systemische Ansatz umfasst und welche wechselwirkenden Faktoren oder Elemente dabei Einfluss nehmen erfahren Sie in einem nachfolgenden Kapitel (Exkurs). -

Nachfolgend präzisiere ich die Elemente bzw. Faktoren des Kohärenzgefühls:

Gefühl der Verstehbarkeit

Dieser Faktor und seine Komponenten beinhalten ein kognitives Verarbeitungsmuster. Dieses umfasst sowohl die Fähigkeit als auch die Erwartung eines Menschen, die über seine Sinnerorgane eintreffenden Informationen (Reize, Signale und Stimuli) in strukturierter, konsistenter und geordneter Weise verarbeiten zu können. - Chaotische, zufällige, unerklärliche oder willkürliche Reize bewirken zunächst Unsicherheit, Verwirrung und ggf. oft auch Ängste: Es setzen Prozesse der Neuorientierung, des Umstrukturierens bisheriger Erfahrungen, des Erprobens möglicher alternativer Herangehensweisen (mentales Suchen) ein. Letztlich bewirkt dies durch Neu-Lernen und somit eine nach und nach sich entwickelnde erneute innere Balance zu erringen: Neue Nervenverknüpfungen entstehen im Gehirn aufgrund von mentalen Anpassungen als Reaktion auf Umweltanforderungen.

Gefühl der Handhabbarkeit

Dieses Gefühl beinhaltet ein kognitiv-emotionales Verarbeitungsmuster. Es bewirkt bei einem Menschen die Überzeugung, dass Zumutungen, Stress oder schwierige Situationen lösbar sind (instrumentelles Vertrauen). Mithin stellt sich in einem Menschen die Wahrnehmung ein, dass geeignete individuelle Ressourcen verfügbar sind, um schwierige Gegebenheiten bewältigen zu können (Haltungen). Dies können sowohl konkrete Fähigkeiten oder Verhaltensweisen als auch Überzeugungen wie Glaubenssätze bzw. „Glauben an eine höhere Macht“ sein.

Gefühl der Sinnhaftigkeit bzw. Bedeutsamkeit

Dieses Gefühl stellt den wichtigsten emotionalen Faktor dar (intrinsische Motivation). Dieses Gefühl beinhaltet das tiefe Empfinden, ein hohes Ausmaß an emotionaler, sinnvoller Qualität im Leben bei allem inneren und äußeren Tun vorweisen und einsetzen zu können. Individuell bewirkt dieses Gefühl, dass ein Mensch bei allen Problemen, Zumutungen, Druck und Stress das stabilisierende Empfinden hat, dass dies allen Einsatzes wert ist: Dafür wird die aktivierbare Energie investiert, ein Einsatz wird als verpflichtend empfunden und eine jeweilige schwierige Situationen wird als bewältigbare Herausforderung wahrgenommen.

Nachfolgend werden die darauf aufbauenden Resilienzfaktoren beispielhaft präzisiert:

Optimismus

Optimistische Menschen nehmen jeweilige schwierige Situationen eher als gegebene, i.d.R. vorübergehende Herausforderungen wahr. Sie reflektieren ihre Stärken und wie sie diese einsetzen könnten mit Blick auf potentielle Möglichkeiten des eigenen Handelns. Sie betrachten eine schwierige Situation im Zusammenhang mit Misserfolgen, Zumutungen und Stresssituationen über eine innere Haltung einer aufmerksamen Gelassenheit. Damit werden mögliche Rückschläge als vorübergehend und punktuell gesehen. Eine Haltung des grundlegenden Optimismus ist deutlich vom oft gedachten Synonym des positiven Denkens abzugrenzen. “Genau genommen ist ist Optimismus ein Bewertungsstil. Optimistische Menschen bewerten die Wahrscheinlichkeit und die Art und Größe möglicher Bedrohungen als geringer ein, das unterscheidet sie von anderen Menschen. Sie reagieren deswegen oft ein wenig sorgloser und unaufgeregter als andere, wenn sie auf Probleme stoßen.“ (Kalisch, 2020) Dadurch geraten sie nicht oder verzögert in Stress.

Eine grundsätzliche Haltung des Optimismus bezieht situativ aufkommende eigene Emotionen als wichtige Signale der je eigenen Psyche mit ein. Ja, Optimismus bedarf geradezu des Einbezugs eigener Emotionen; denn diese kommen aus unserem Erfahrungsgedächtnis (Langzeitge-dächtnis) und wollen uns situativ auf etwas aufmerksam machen. Sie wollen uns z.B. vor einer möglichen Gefahr schützen. Sie signalisieren uns, unsere Aufmerksamkeit auf die jeweilige Gegebenheit oder Situation zu richten; denn irgendein Stimulus darin hat in unserem Erfahrungsgedächtnis ein „Signal“ ausgelöst. Wir sollten dieses Gefühl unbedingt zulassen und respektieren als einen Teil von uns. Je nach aktueller Situation gilt es ggf. diese Würdigung unserer Emotion auf einen späteren Zeitpunkt zu verschieben, jedoch zeitnah passend und individuell zu bearbeiten sowie ggf. für uns stimmig auszuleben. Für solche Entscheidungen ist unser Verstand da, der bewusst unsere Fähigkeit zum Selbstmanagement aktiviert.

Positives Denken kann dabei hilfreich sein, jedoch nur dann, wenn es in stimmiger Weise geschieht, was eine Art dogmatische Handhabung, einem Zwang zum positiven Denken, ausschließt. Im jeweiligen Kontext lösen Schwierigkeiten meist eine erhöhte Anstrengungsbereitschaft aus. Diese Haltung bewahrt auch eher eine passende Balance zwischen Stress- und Hoffnungsfokus, was bewirkt, dass konstruktive, positive Gedanken mit Blick auf Lösungsansätze oder Lösungsschritte hin zu einer stimmigen Lösung des Problems eher gelingen. Meist stellt sich dann ein Gefühl ein, das sich so beschreiben lässt: Wir sind mit uns aktuell in einer inneren Balance und damit „im Reinen".

Selbstwirksamkeit - Selbstregulierung

Das Gefühl oder die innere Überzeugung der Selbstwirksamkeit beruht auf zahlreichen bisherigen positiven Erfahrungen beim Herangehen an schwierige Situationen bzw. Gegebenheiten sowie deren Bearbeitung und Lösung. Dies heißt u.a.: „Ich kann mich auf mich verlassen auch hierfür eine passende Lösung zu finden!" Selbstwirksamkeit beinhaltet ein gezieltes eigenes Tun. Es ist ein tatsächliches, durchdachtes Tun im Rahmen der eigenen, jeweiligen Möglichkeiten gemeint (proaktives Handeln).

Ein solcher Mensch verfügt über ein Bewusstsein der eigenen Fähigkeiten und damit der aktivierbaren eigenen geistigen und ggf. körperlichen Geschicklichkeit oder Kraft. Auch in einer schwierigen Situation wird sich so das Gefühl der individuellen Handlungsfähigkeit entfalten. Damit eröffnet sich die Perspektive einer Haltung, die langfristig grundsätzlich von Hoffnung auf Änderungen mit Hilfe passender Handlungsoptionen geprägt ist.

Akzeptanz

Menschen, die über diesen Resilienzfaktor verfügen, können besser mit stresserzeugenden Situationen umgehen. Die innere Haltung etwas Schwieriges akzeptieren zu können, was aktuell gegeben bzw. nicht mehr zu ändern ist, bedeutet dabei wahrgenommene Emotionen zuzulassen und anzuerkennen. Dies bedingt und umfasst ggf. auch anzuerkennen, dass eine angemessen passende mehr oder weniger lange Auszeit notwendig ist. Diese Haltung bzw. diese Fähigkeit ermöglicht erst die volle Konzentation auf Anstehendes bzw. aktuell Herausforderndes. Es gelingt solchen Menschen auch eher eigene grundsätzliche oder nur aktuell bestehende Grenzen wahrzunehmen und auch Gegebenheiten anzuerkennen, über die sie keinen Einfluss haben.

Verantwortung

Ein resilienter Mensch achtet auf seine Gedanken, Emotionen und Gefühle; denn diese sind mental grundlegende Faktoren für seine Taten bzw. Handlungen. Er ist sich bewusst, dass sie damit Einfluss auch auf die eigenen jeweiligen Aktionen und Reaktionen sowie i.d.R. sogar auf jeweilige Lebensumstände haben. Verantwortung bzw. Eigenverantwortung bedeutet auch jeweils die Verantwortung und ggf. ebenfalls die der Haftung für das eigene Tun und Lassen zu übernehmen. Die innere Haltung der individuellen Verantwortungsbereitschaft gilt ausschließlich für im eigenen Einfluss- bzw. „Machtbereich" (Gestaltungsmacht) liegenden Themen. Dies gilt insbesondere in schwierigen Situationen.

Lösungsorientierung

Produktives, konstruktives, zielgerichtet lösungsorientiertes sowie achtsames Denken richtet die volle Aufmerksamkeit und Konzentration (mentale Energie) auf das angestrebte Ergebnis: So „eingestellt" bzw. fokussiert werden Ziele und Lösungen gesucht. Die ganze eigene Energie richtet sich auf das Gelingen, das Behebung eines Problems oder einem Ausweg aus misslichen Umständen. Mögliche Lösungswege werden mental und beispielhaft erprobend „durchgespielt" und reflektiert. Intensives Nachdenken, genaues Planen und präzises Arbeiten wechseln mit Pausen und Entspannungsphasen.

Netzwerkorientierung

Für das Gelingen der eigenen Resilienz sind das Pflegen von zwischenmenschlichen Beziehungen sehr bedeutsam. Ein gelingendes, unterstützendes soziales Umfeld, in dem sich ein Mensch wohlfühlt, kann gerade in kritischen, schwierigen Situation ganz real „den Rücken frei halten" und so neue Kräfte gewinnen lassen oder „auffangend" wirken. Oft führt auch ein Austausch mit empathischen, ehrlichen Gleichgesinnten nicht nur auf andere Gedanken, sondern kann einen Menschen, z.B. bei einem Rückschlag, wieder aufrichten, ihn stabilisieren und aufmuntern sowie sogar neue Ideen generieren, die zum besseren Bearbeiten eines Problems beitragen.

Zukunftsorientierung und -planung

Das Leben eines Menschen, im Rückblick gesehen, verläuft über längere Strecken oft ähnlich einem mäandrierenden Fluss oder Strom: Mal geht es mit atemberaubender Strömungsgeschwindigkeit vorwärts, mal dümpelt es verteilt auf viele Wasserarme und zahlreiche Sandbänke langsam dahin, mal fließt das Wasser in langgezogenen Schleifen ohne dabei dem Ziel so richtig näher zu kommen. Was bei dieser Metapher entscheidend ist: Das Wasser fließt immer vorwärts und bleibt dabei aktiv. Auf einen Menschen übertragen gilt es, so gut wie möglich immer aktiv zu sein, zielgerichtet zu handeln, Hinternisse „geduldig und beständig" zu „umspülen" im Sinne von zielgerichtetem Dranbleiben usw.. Krisen, Rückschläge und Widerwärtigkeiten sind Teil menschlichen Lebens und oft unvermeidbar. Im menschlichen Bereich ist es wichtig, ein reflektiert klares Ziel zu haben. Daraus lassen sich dann jeweilige Zwischenziele entwickeln, die ebenso reflektiert und klar sein sollten. Angesichts von wahrscheinlichen Veränderungen müssen Ziele immer wieder bewusst angepasst werden mit dazu stimmigen, bestmöglich umsetzbaren Handlungsplänen: Es geht um das aktive, durchdachte Planen unter Einbezug dessen, dass auch mit schwierigen Unvorhersehbarkeiten zu rechnen ist. Hier sind dann Pläne „B" oder „C" usw. bis hin zu Notfallplänen zu erstellen: So kann sowohl auf eintretende Veränderungen als auch sich einstellende Risiken situativ bestmöglich und zügig im Sinne von alternativen Handlungsmöglichkeiten reagiert werden.

2 Ressourcen - eine begriffliche Annäherung

Im Zusammenhang mit Resilienz wird oft auch der Begriff der Ressource genannt. Tatsächlich finden sich Faktoren der Resilienz oft auch bei individuellen Ressourcen wieder. Thematisch bezogen auf einen Menschen werden unter Ressourcen die diesem zur Verfügung stehenden Mittel und aktivierbaren, positiv wirkenden Eigenschaften, Fähigkeiten und Fertigkeiten verstanden (Ressourcenpotentiale). Ressourcen sind wahrgenommene, subjektiv als hilfreich bewertete Merkmale, die immer in einen spezifischen Kontext eingebettet sind und ein individuelles Bewältigungsverhalten beinhalten.

Jeder Mensch entwickelt im Laufe seines Lebens entwicklungsbezogene, situative und individuelle motivationale Ziele, auch motivationale Ressourcen genannt. Der Grad des aktiven Nutzens jeweils eigener Ressourcen „trägt zum Erleben von Kongruenz (Übereinstimmung) zwischen den aktivierten motivationalen Zielen und der Wahrnehmung von deren Verwirklichung bei." (Töpfer, N; 2019) Durch positive Rückkopplungsprozesse entstehen Erfolgserlebnisse. Die Stimmung steigt auch durch ein erhöhtes Kontrollerleben und das Vertrauen in die eigenen Stärken: Wohlbefinden im Sinne von Lebensfreude stellt sich ein (positive Emotionen).
Zusammenfassend kann mit Grawe & Grawe-Gerber eine Ressource „als jeder Aspekt des seelischen Geschehens und darüber hinaus der gesamten Lebenssituation eines Menschen aufgefasst werden, als z.B. motivationale Bereitschaften, Ziele, Wünsche, Interessen, Überzeugungen, Werthaltungen, Geschmack, Einstellungen, Wissen, Bildung, Fähigkeiten, Gewohnheiten, Interaktionsstile, physische Merkmale wie Aussehen, Kraft, Ausdauer, finanzielle Möglichkeiten sowie seine zwischenmenschlichen Beziehungen. Die Gesamtheit all dessen stellt, aus der Ressourcenperspektive betrachtet, den Möglichkeitsraum eines Menschen dar, in dem er sich gegenwärtig bewegen kann oder, anders ausgedrückt, sein positives Potential, das ihm zur Befriedigung seiner Grundbedürfnisse zur Verfügung steht" (Grawe & Grawe-Gerber; 1999).

Die Herausforderung bei Ressourcen ist, dass sie mit Hilfe bestimmter Maßnahmen erkannt und dann auch ausgebaut bzw. trainiert werden können. Im Kapitel „Persönliche Ressourcen finden, stärken und nutzen" erfahren Sie dazu Genaueres.

2.1 Mein Gehirn - mein „Universum"

Meine Resilienzfaktoren und mein gesamtes Ressourcenrepertoire beruhen auf neuronalen Verschaltungen in meinem Gehirn. Die Faktoren bzw. das Repertoire sind dort im Gedächtnis gespeichert (Cortex). Ob und was dort gespeichert wird bzw. wie ich darauf zugreifen kann, entscheiden andere Areale meines Gehirns, u.a. das Limbische System. Bedeutend ist ebenfalls die Art und Weise wie ich an eine (schwierige) Aufgabe herangehe (strategischer, methodischer und emotionaler Aspekt).

Das Lymbische System steuert unser Lernen bzw. ermöglicht erst ein solches. Beim Lernen schieben sich zwischen Reiz und Reaktion interne, neuronale Faktoren, die bewirken, dass eine bloße Instruktion bzw. „Reizdarbietung allein nicht“ (Hille,K. / ZNL) ausreichen. So speichert das menschliche Gehirn Informationen erst nach einer internen Verarbeitung ab, in die auch subjektive Gefühle (Bedürfnisse, Wünsche, Interessen) einfließen ebenso wie das individuelle Vor-Wissen und die Vor-Erfahrungen. Erst danach werden die Informationen im Gehirn in die verschiedenen Langzeitgedächtnissysteme ein- und zugeordnet.

Das Gehirn arbeitet selbstreferentiell, es ist selbstaktiv. Aktuelle Forschungen zeigen zudem deutlich, dass es innerhalb unseres Gehirns ein komplexes Zusammenspiel der Nervenzellen gibt, die bei aufkommenden und durchstandenen Stresssituationen erfolgreich Anpassungen im Gehirn vornehmen: Will heißen, unser Gehirn ist in der Lage zu lernen gesund zu bleiben (nach Kalisch, 2020). In Ionenkanälen steuert das Genirn den aufkommenden Stress mittels einem Natrium-Ionen-Einstrom. Später dämpft das Gehirn dies durch einen Kalium-Ionen-Einstrom. (vgl. Kalisch, 2020) Unsere Hirnfunktionen sind in der Lage aus sich heraus trotz Stresssoren in einem dynamischen Prozess die psychische Gesundheit aufrechtzuerhalten bzw. wieder herzustellen. Nach Kalisch handelt es sich „bei Resilienz um das Resultat gehirnintern gesteuerter Anpassungsprozesse.“ (Kalisch, 2020)

Im Außenbezug vergleicht unser Gehirn parall zum vorher Gesagten alle von den Sinnesorganen weitergeleitete Informationen mit bereits gespeicherten. Es sucht nach Mustern und Schemata, bildet Hypothesen und überprüft diese auf Relevanz auch bei zwar als bedeutsam erkannten, jedoch recht wenigen sensorischen Signalen (Kontrolle). Nach Singer muss es „im Gehirn Systeme geben, die in der Lage sind, Gesamtzustände daraufhin zu untersuchen, ob die gebildeten raum-zeitlichen Muster die Folge von Rechen- und Suchprozessen sind oder ob sie schon ein Ergebnis darstellen. [...] Und das Gehirn weiß auch, wie verlässlich ein Ergebnis ist.“ (Singer) Die meisten im Gehirn ablaufenden Prozesse finden unbewusst statt. Aus Kapazitätsgründen dringt nur ein Bruchteil davon ins Bewusstsein eines Menschen. Entscheidend ist jedoch, dass alles, was ins Bewusstsein dringt, gleichzeitig vorhanden ist und miteinander verknüpft werden kann.

Jedes Gehirn generiert Wissen jeweils neu; denn die individuellen Voraussetzungen in Form von neuronalen Strukturen (z.B. die Verarbeitungs- und Abrufgeschwindigkeit des Arbeitsgedächtnisses), Wissensnetze, Begabungen, Wahrnehmungen, motivationalen Strukturen, Kompetenzen, Erfahrungen, Lerntempi und Lernstrategien sind je Person sehr verschieden. (nach Egle, J.)

Spitzer definiert Lernen aus neurobiologischer Sicht: „Die bleibenden Spuren der flüchtigen Eindrücke von draußen in uns haben einen Namen: Man spricht von Repräsentationen der Außenwelt. Diese Repräsentationen entstehen und ändern sich, und man bezeichnet genau diese Vorgänge als Lernen. Gehirne und deren Bauteile, die Nervenzellen (Neuronen), sind darauf spezialisiert, Repräsentationen in Abhängigkeit von der Umgebung auszubilden und zu verändern. Nervenzellen stehen für bestimmte Aspekte der Umgebung. [...] Ob wir es wollen oder nicht – wir lernen immer. [...] Das Gehirn ist für das Lernen optimiert. Es lernt also nicht irgendwie und mehr schlecht als recht, sondern kann nichts besser und tut nichts lieber!“ (Spitzer; 2002)
Es werden verschiedene Lernformen unterschieden:

- Kummulatives Lernen;
- Assimilatives Lernen;
- Akkomodatives Lernen;
- Transformatives Lernen.

<u>Kummulatives Lernen</u> wird auch als mechanisches Lernen bezeichnet. Es handelt sich dabei um isolierte Informationen, die in keinem Sinnzusammenhang stehen (z.B. Haus-, Telefon- oder PIN-Nummern). Abgerufen wird es in einem engen Kontext (z.B. Anrufen einer Person, Geldabhebung).

<u>Assimilatives Lernen</u> wird auch als additives Lernen bezeichnet. Dabei handelt es sich schon um einen Bearbeitungsprozess, bei dem neue Informationen mit bereits bestehenden Informationen (Schemata oder Muster) verknüpft werden. „Assimilatives Lernen findet aber auch in all jenen Kontexten statt, in denen allmählich Fähigkeiten kognitiver, emotionaler oder sozial-gesellschaflicher Art entwickelt werden. [...] Lernergebnisse können verhältnismäßig leicht abgerufen oder angewendet werden, wenn man sich mental auf den entsprechenden Bereich eingestellt hat.“ (Illeris, 2006)

Akkomodatives Lernen kann auch als anpassendes Lernen bezeichnet werden. Es tritt dann auf, wenn eine neue Information zu keinem gespeicherten Schema oder Muster passt, jedoch so bedeutsam oder wichtig ist, dass sie unbedingt angeeignet werden muss. Beim akkomodativen Lernen werden Teile oder ganze bestehende Schemata oder Muster so umgebaut bzw. verändert, sodass die neuen Informationen eingepasst werden können. Dies erfordert viel mentale Energie (altes verändern; neues akzeptieren). „Das Lernergebnis ist dadurch gekennzeichet, dass es in vielen unterschiedlichen relevanten Kontexten abgerufen und angewandt werden kann." (Illeris, 2006)

Transformatives Lernen beinhaltet tiefgreifende Prozesse in einem Menschen. Es handelt sich um Prozesse des Neuorientierens bzw. Orientierungswechsels. Bei diesem Lernen findet eine Veränderung im Selbst einer Person statt durch „simultane Restrukturierung in den kognitiven, emotionalen und sozial-gesellschaftlichen Dimensionen. Es findet vorwiegend in und nach krisenhaften Situationen statt, die ein unvermeidbares Ändern des Selbst erfordern (vgl. Illeris, 2006). Im z.B. schulischen Kontext findet meist assimilatives und akkomodatives Lernen statt.

Entscheidend für das Lernen ist eine gerichtete Aufmerksamkeit. Es wird nur gelernt, worauf die Aufmerksamkeit liegt. Für Lernprozesse ist die Qualität der Aufmerksamkeit entscheidend. Dies umfasst sowohl das Grundniveau der Aufmerksamkeit, auch Wachheit genannt, als auch die selektive, d.h. gerichtete Aufmerksamkeit (vgl. Spitzer; 2002). Also muss darauf geachtet werden, Lernprozesse so zu strukturieren, dass z.B. bei mir sowie ggf. anderen Lernenden Aufmerksamkeit für ein Thema geweckt wird.

Ferner lernt ein Mensch nur gut, wenn die Belohnungssysteme im Gehirn ansprechen und, wenn die Lernenden erkennen, „Ja, das ist es!", wenn sie „von einem Heureka-Moment zum nächsten geführt werden." (Singer, 2009) In unserem Gedächtnis sind alle Erfahrungen, d.h. Ereignisse in denen wir Erfolg hatten im Belohnungssystem gespeichert. Ebenso „merkt sich unser Stresssystem sehr genau die damit verbundenen Reize: Sie sind damit für unser Gehirn Marker für Gefahr: Das Stresssystem wird aktiviert und löst Stressreaktionen aus. (vgl. Kalisch)

In Lehr- wie Lernprozessen besteht die Anforderung, die Aufmerksamkeit auf den jeweiligen Inhalt zu fokussieren. Dabei ist zu beachten, das ´System´ nur mit der passenden Informationsmenge zu ´füttern´ damit das Gehirn immer wieder kohärente Zustände erreichen kann. Nur so kann es die Informationen bearbeiten und abspeichern: „Lernen beruht darauf, dass bestehende neuronale Verbindungen verstärkt oder abgeschwächt werden." (Singer, 2009)

Das Gehirn arbeitet dabei ähnlich einem Assoziationsspeicher. Resiliente Menschen greifen auf ihre grundlegenden Erfahrungen in solchen Situationen zurück. Sie haben bei aller Unsicherheit einen grundlegenden Optimismus und generieren dadurch eher Zuversicht auch in stark herausfordernden Situationen, eigene Ressourcen aktivieren und neue bei passendem Einsatz generieren zu können. Entscheidend ist die Art und Weise, wie Situationen von Ihnen bewertet werden (siehe ´Optimismus´). Auch ist es sehr hilfreich, wenn Sie auch ihr Belohnungssystem nach entsprechendem, lösungsorientiertem Einsatz aktivieren z.B.: „Ich schaffe das!", „Diesen Schritt schaffe ich!" oder konkret: „Das" habe ich geschafft!"; „Mir ist schon Schwierigeres gelungen!" zusammen mit z.B. „Jetzt mache ich eine aktive Pause!". Auch haben resiliente Menschen gelernt, unnötigen Stress zu vermeiden und praktizieren eine Art „Stressoptimierung" in der Form: „Wenn erforderlich, dann ja; wenn unnötig, dann auf keinen Fall; wenn nur vielleicht nötig, dann eher nicht." (Kalisch; 2020) Vor allem vermeiden sie Gedanken derart: „Was wäre wenn ...?" usw. und das oftmals damit verbundene Grübeln.

Sie haben gelernt, ihre ganze Aufmerksamkeit auf das zu fokusieren, was aktuell ansteht. „Zwischem dem Belohnungssystem und dem Stresssystem gibt es eine interessante Verbindung: Sie hemmen sich gegenseitig. [...] In Zeiten der Belastung tendieren wir zum Entweder-Oder." (Kalisch) Dies im Alltag und dort insbesondere in herausfordernden Situationen wissend, kann es uns z.B. durch wiederholtes Training oder mehrfache, aufgabenbezogene positive Erfahrungen gelingen das Stresssystem so zu mildern, dass das Belohnungssystem wieder eine Chance hat, und wir innerlich wieder mehr in die Balance kommen und damit handlungsfähig bleiben bzw. werden. Elemente dazu sind sowohl entsprechende willentliche Entscheidungen als auch passende Trainingsphasen sowie gelernte und jetzt unbewusst aktivierbare „Automatismen". Für willentliche Entscheidungen sind die Fähigkeit zur gezielten Distanz sowie bewusst gesetzte (aktive) Pausen wichtige Elemente.

Oft steht ein rasches Entscheiden an, oft ein Entscheiden bei hohen Unsicherheitsfaktoren. Nach Kalisch ist in einer solchen Gefahrensituation, z.B. bei Gefahr für Leib und Leben, unser Gehirn in der Lage auf ein enorm großes Potential zuzugreifen: Es ist in der Lage blitzartig unser gesamtes Langzeitgedächtnis sowie unseren gesamten Organismus auf ein Ziel hin zu aktivieren: Es greift dazu auf gehirninterne Bewertungsprozesse zu, die zum Teil angeboren sind oder zuvor sehr oft trainiert und dadurch automatisiert wurden.

Beim Lernen in Arbeitsprozessen z.B. im Unterricht, steht traditionell die Fähigkeit und Anwendung der gerichteten Aufmerksamkeit im Mittelpunkt. Diese ist jedoch nur ein Bestandteil des Lernprozesses. Das Gehirn arbeitet vorwiegend implizit, indem es aus gemachten Erfahrungen bzw. deren Wiederholung selbst Regeln abstrahiert. Daher sind sowohl beim Alleinelernen als auch beim Lernen in Gruppen aktivierende Lernformen und varierende Wiederholungen sowie erprobende Transfermöglichkeiten so wichtig.

2.1.1 Lernen und Emotionen

Jeder Lernprozess kommt fürs Gehirn einem Besuch im Fitnessstudio gleich: Wie ein Muskel durch Training stärker wird, stärkt das regelmässige Lernen und Üben unser Gehirn. Das Ergebnis ist, dass unsere Hirnleistung steigt und unsere Gedächtnisleistungen besser werden. Dieser Effekt kann einige Sekunden anhalten, einige Minuten – oder nach dem Einordnen ins Langzeitgedächtnis sogar ein Leben lang. (nach https://www.srf.ch/wissen/lernen-gewusst-wie/was-passiert-wenn-wir-lernen)

„Neugier ist – rein neuroanatomisch betrachtet, sehr eng verwandt mit anderen positiven Emotionen wie Freude und Glück sowie mit Bewegung und sie hat besseres Lernen zur Folge. Wenn ich neugierig bin, freue ich mich, etwas zu lernen und lerne es nachhaltiger. Und was ich mag, da will ich hin – eigentlich alles ganz einfach!“ (Spitzer, M.)

Das Gehirn verändert sich beim Lernen durch das Neuanlegen oder Verstärken von Nervenverbindungen. Neu ist die Erkenntnis, dass Sie und ich beim Lernen auch den positiven oder negativen Kontext der Lernsituation mitlernen und auch wieder erinnern (siehe Spitzer, M. (2002, S.165/166), Roth, G (Roth, u.a. in Herrmann, U. 2006 S. 58)).

Grundsätzlich muss ich wissen, dass mein Gehirn wie alle anderen menschlichen Gehirne auch nichts lieber tun als lernen. Dass dies bewusst, selbstgesteuert bzw. selbstinzeniert erfolgen kann, dazu müssen spezifische Voraussetzungen bzw. Bedingungen gegeben sein. Das Gehirn ist ein phantastisches Organ. Haben wir die Haltung einer Lernlust auch bei widrigen Umständen aufgebaut (intrinsische Motivation), so ist es in der Lage, sich den Herausforderungen flexibel anzupassen. Wichtig ist, dass jeder Lernweise auch ein Gedächtnis zugeordnet ist: Einem prozeduralen Lernen entspricht ein prozedurales Gedächtnis. Einem deklarativen Lernen entspricht ein deklaratives Gedächtnis.

2.1.1.1 Exkurs: Mein Gedächtnis - Meine Lernprozesse

Grundsätzlich können alle Informationen und Erfahrungen zu Inhalten des Gedächtnisses werden (z.B. reale Objekte, Gedanken, Empfindungen, Handlungen), die zusammen mit den jeweiligen Kontexten gespeichert werden. Die Funktionsweise meines Gedächtnisses zu kennen, ist für alle selbstgesteuerten Prozesse sehr hilfreich, vor allem dann, wenn ich in einer belastenden Situation bin.

Unser Gedächtnis besteht aus drei Hauptsystemen:

Das **sensorische Gedächtnis** verarbeitet und speichert eintreffende Sinnesreize: Kapazität: fast unbegrenzt; Speicherdauer: max. 1 Sekunde).

Wird etwas als wichtig bewertet, gelangt es ins **Kurzzeit- oder Arbeitsgedächtnis:** Kapazität: 7 +/ - 2 Items; Speicherdauer: max. wenige Minuten. Das Kurzzeit- bzw. Arbeitsgedächtnis speichert Daten in ihrer zeitlichen Ordnung. Die Speichermenge kann durch die Organisation der Items zu sinnvollen Einheiten bzw. Strukturen erhöht werden. Das Arbeitsgedächtnis ist insbesondere für die aktive Verarbeitung von kurzzeitig erworbenen Gedächtnisinhalten, aber auch für die Aktivierung der schon fest gespeicherten Daten des Langzeitgedächtnisses verantwortlich. Das Kurzzeit- bzw. das Arbeitsgedächtnis sind die einzigen Gedächtnisspeicher, deren Inhalte dem Bewusstsein zugänglich sind.
Zum Beispiel Zeit genug, um etwa in einem Gespräch oder Vortrag einen Satz zu begreifen, ohne seinen Anfang schon wieder zu vergessen.

Das Arbeitsgedächtnis hat vier Komponenten:

Eine zentrale Exekutive: Sie steuert die Aufmerksamkeitsprozesse und koordiniert die Funktion der beiden Subsysteme, der artikulatorischen Schleife und des visuell-räumlichen Notizblocks. Sie umfasst ebenfalls den Aufbau, Erhalt und die Aktivierung von Informationen aus dem Langzeitgedächtnis.

Artikulatorische Schleife: Sie hält phonologische Informationen im Bewusstsein, so z.B. die stumme Wiederholung sprachbasierter Informationen oder das kurzzeitige Behalten einer Wortfolge und der Prosodie eines Satzes, beides Voraussetzung für eine sinnvolle Analyse.

Visuell-räumlicher Notizblock: Er ist entsprechend für die visuellen Daten zuständig.

Episodischer Puffer: Ein in seiner Kapazität begrenzter und nur vorübergehend speichernder Gedächtnisanteil, der episodische Daten bereithält, die von der zentralen Exekutive abgerufen, mit den Inhalten der beiden anderen Subsysteme verbunden und bewusst gemacht werden kann. (siehe Hasselhorn & Gold, 2005)

Im **Langzeitgedächtnis** speichern wir für längere Zeit oder für immer Informationen in vielfältig vernetzter Weise: Kapazität: groß; Speicherdauer: bis zu vielen Jahren. Das Langzeitgedächtnis findet sich in der gesamten Hirnrinde (Cortex). Tritt z.B. im ersten Lebensjahr eines Kindes eine Hirnschädigung auf und muss ein gesamtes Hirnteil entfernt werden, so ist das restliche Gehirn in der Lage, in diesem Alter alle Funktionen auch des entfernten Hirnteils zu übernehmen. Das Gehirn scheint in diesem Alter in einer Art Hologramm strukturiert zu sein.
Daher ist noch nicht vollständig bekannt, wo letztlich Informationen langfristig gespeichert werden. Derzeitige Vorstellungen gehen dahin, dass Informationen in Netzwerken bzw. Gehirnarealen repräsentiert werden, die inhaltsspezifisch organisiert sind.

Ins Langzeitgedächtnis gelangen Informationen gefühlsgeladen über den Hippocampus als eine Art Filter. Das Langzeitgedächtnis lässt sich weiter unterteilen: Gespeicherte Informationen stehen uns entweder bewusst oder unbewusst zur Verfügung.

Für ein Lernen bzw. alle Lernprozesse ist die Kenntnis dieser Gedächtnisarten von Bedeutung; denn es ist für ein Merken hilfreich, in Lernprozessen möglichst viele Gedächtnisarten durch verschiedene

Lernarten bzw. Repräsentationen der Themen oder Inhalte einzubeziehen.

Beim deklarativen Gedächtnis werden zwei Arten unterschieden:
Das deklarativ-semantische Gedächtnis speichert erworbenes Wissen, d.h. allgemeine Fakten ab, unabhängig von den Umständen des Erwerbs. Das deklarativ-episodische Gedächtnis speichert z.B. Ereignisse und Erlebnisse der eigenen Lebensentwicklung zeitlich und räumlich eingeordnet bzw. wiedererlebte Vergangenheit ab.
Beide Gedächtnisse beinhalten Inhalte, zu denen unser Bewusstsein Zugang hat (bewusste Inhalte).

Im semantischen Gedächtnis werden aus häufigen Erfahrungen z.B. mit Objekten oder Informationen Kategorien gebildet, was ein ´Begreifen´ bewirkt. Dabei spielen bestimmte Hirnstrukturen eine zentrale Rolle: Die für die Wahrnehmung einer Information relevanten Sinnescortexareale, der präfrontale Cortex (kognitive Exekutive) und der Hippocampus, der Kontextbeziehungen von Informationen analysiert. Ohne den Hyppocampus kann kein neues Lernen stattfinden. In ihm findet ein erstes Bearbeiten und Bewerten der eintreffenden Informationen statt, und er bildet sogenannte neuronale Repräsentationen davon.

Das prozedurale Gedächtnis speichert z.B. Fertigkeiten (Handlungs- oder Bewegungsabläufe), Konditionierungen, Geschicklichkeiten und Gewohnheiten ab, z.B. die Kenntnis des Rad- oder Autofahrens, des Ablaufs von Turnübungen ebenso wie diejenige des Schreibens. Sie aktivieren es z.B. dann, wenn Sie unsicher bei einer Schreibweise sind: Sie schreiben das Wort und erkennen die richtige Schreibweise. Nach genügend Übung erfolgen diese Aktivitäten unbewusst (automatisch). Wir werden nur noch dann darauf aufmerksam, wenn einmal ein Fehler oder eine Fehlbedienung auftritt und müssen uns die Abläufe wieder genau einprägen.

Für letztere beide Gedächtnisformen gilt, dass z.B. Inhalte des prozeduralen Gedächtnisses durch vielfältige Erfahrungen in das deklarative Gedächtnis übergehen können.

Bei allen Prozessen des Merkens sind gleichzeitig vorhandene Gefühle von großer Bedeutung: Unsere emotionale Gemütslage, unsere Beteiligung und unsere Einstellung zur Situation beeinflussen die Filter des Hippocampus. Dieser Gehirnteil entscheidet, ob etwas dauerhaft im

Langzeitgedächtnis gespeichert wird. So gelangt alles, was interessiert oder emotional positiv konnotiert ist, leichter ins Langzeitgedächtnis; wohingegen mentale Ablehnung, Lethargie, starke Ängste oder Desinteresse eine dauerhafte Speicherung beeinträchtigen oder verhindern.

Eine weitere, für die Funktionsfähigkeit des Gehirns wichtige Fähigkeit ist diejenige des „Vergessens". Das Gehirn kennt kein Areal der „verstaubten Informationen". Gespeicherte Informationen, die längere Zeit unabgerufen sind, werden durch neue oder jetzt interessante Informationen überlagert, damit ist ein Erinnern daran gestört. (nach https://www.planet-wissen.de/natur/forschung/gedaechtnis/ index.html)

Stehe ich vor anspruchvollen Aufgaben, die ich womöglich in einer bestimmten Zeit bewältigen muss, so löst dies innere Stressreaktionen aus mit spezifischen Wirkungen.
Nachfolgend zeige ich Ihnen auf, wie unser Gehirn funktioniert. Es geht dabei immer um Anpassungsprozesse. Dies können Prozesse der Assimilation (Anpassung) oder Akkomodation (Umdenken / Neuorientierung) sein. Immer handelt es sich um Lernprozesse. Mit den Kenntnissen wie mein Gehirn arbeitet, gelingt es mir, mich besser verstehen und bewusster steuern zu können.

2.1.2 Der Hyppocampus

Damit Lerninhalte im Gedächtnis dauerhaft abgespeichert werden können, müssen sie zuerst einmal über den Gehirnteil des Hippocampus bis ins Großhirn gelangen.
Der Hippocampus hat eine Schlüssel-Rolle beim dauerhaften Einspeichern von Inhalten inne. Er hat eine Filterfunktion beim Übergang vom Kurzzeitgedächtnis zum Langzeitgedächtnis (neben dem medialen Schläfenlappen). Der Hipocampus ist Teil des Limbischen Systems. Alle Informationen müssen durch ihn hindurch, damit sie langfristig abgespeichert werden können. Der Hyppocampus übt für alle Informationen eine Art „Bewertungs und Deutungsfunktion im Sinne einer Zugangskontrolle und Abrufkontrolle aus. Diese schließt motivationale Mechanismen ein. D. h. jede Art von Informationsaufnahme ins Gehirn, die einmal über die Ebene des Kurzzeitgedächtnisses hinausgelangt, ist an Bewertungen und Bedeutungen geknüpft." (Scheich, 2006)
Gefühle stellen für die Filterwirkung des Hippocampus ein wichtiges, selektierendes Kriterium dar.

Neben der Gefühlsintensität ist auch die Art des Gefühls von Bedeutung: Mit positiven Gefühlen verbundene Informationen werden anders verarbeitet und gespeichert als diejenigen mit negativen Gefühlen. Untersuchungen zu Ängsten haben ergeben, dass solcherart konnotierte Informationen im (episodischen / biographischen) Bildergedächtnis landen und damit für das Wissens- bzw. Faktengedächtnis verloren sind. Der distanzierende Umgang mit diesen Bildern ist dann nicht möglich, was dazu führt, dass Betroffenen durch unterschiedliche Auslöser (Trigger) wieder z.B. in die ursprüngliche Angst auslösende Situation hineinkatapultiert werden. Dies ist vor allem für alle Lernprozesse, sei dies in der Schule, am Arbeitsplatz oder im privaten Bereichem bedeutsam: Lernprozesse unter Angstgegebenheiten sind verlorene Zeit. Tritt z.B. bei einem Kind oder einem/einer Jugendlichen eine Angstsituation in schulbezogenen Lernprozessen ein, ist dringend eine einfühlsame, angstfreie pädagogische oder auch spezielle schulpsychologische Intervention erforderlich. Lehrkraft und Eltern sollten hier rasch einfühlsam tätig werden; denn erst wenn es im Nachhinein gelingt, für die inneren Bilder beim Kind bzw. der/dem Jugendlichen auch Worte und Sätze zu finden, ist ein distanzierender Umgang mit diesen Erfahrungen möglich. Vergleichbare Prozesse finden auch bei Erwachsenen in starken Stresssituationen statt.
Beim Umgang mit psychischen Traumata spielt wahrscheinlich auch der mediale Schläfenlappen, ein Teil des Großhirns, eine zentrale Rolle. Er ist wahrscheinlich dafür zuständig, dass wir Inhalte mit räumlichen oder zeitlichen oder logischen Koordinaten versehen und ihnen dadurch erst eine Bedeutung geben können. (nach https://www.brgdomath.com/ psychologie/lernen-und-ged%C3%A4chtnis-tk-3/was-passiert-beim-lernen-im-gehirn/)

2.1.3 Gehirn - Ruhe und Schlaf

„Israelische und amerikanische Forscher haben in einem Experiment zum räumlichen Lernen beobachtet, was im Gehirn beim Schlafen passiert, und herausgefunden, dass unser Gehirn während eines Traums neue Lerninhalte verarbeitet. Dies bestätigt Schlafforscher Jan Born, der sich mit dem Zusammenhang von Schlaf und Gedächtnis beschäftigt. Während des Schlafens, der Zeit, in der die äußeren Reize für das Gehirn ausgeschaltet sind, verarbeitet und filtert das Gehirn neue Informationen." (https://www-de.scoyo.com/eltern/lernen/lerntipps-lernmotivation/was-passiert-beim-lernen-im-gehirn)

Diese Erkenntnisse zeigen zum einen, dass das Gehirn Zeit braucht, um Sinneseindrücke und Erfahrungen aufnehmen, verarbeiten und speichern zu können und zum anderen, dass wichtige Informationen besonders eindrücklich bearbeitet werden müssen. Dies muss bei Lernprozessen bedacht werden dahingehend, dass entschieden wird: „Was ist tatsächlich wichtig? -

Hier ist aus nachhaltiger Sicht eindeutig weniger mehr. In jedem Falle ist die Konzentration auf das konkret Anstehende einer Informationsflut von vielleicht auch Interressantem und angeblich Wichtigem vorzuziehen. - Dies bedeutet z.B. wichtige Informationen in sachlich stimmiger, vielfältiger und ansprechender Weise auch sich selbst „anzubieten", bei ausreichend Pausen, genügend Zeit fürs Nachdenken, geistigem Durcharbeiten einer Sachlage (Inhalte) und Durchspielen sowie konkretes Erproben (Methode) von ins Auge gefassten möglichen (Lösungs-) Ansätzen. Hilfreich ist auch ein passendes gemeinsames Besprechen mit anderen (verschiedene Perspektiven).

Zusammenfassend

Ihr Lernen ist - allgemein gesprochen - die Reaktion Ihres Gehirns auf von Ihnen gemachte Erfahrungen. Wird eine Erfahrung von Ihnen als besonders bedeutsam und wichtig erlebt und bewirkt dadurch eine nachhaltige und langfristige Veränderung im Gehirn, dann haben Sie etwas gelernt (Prozess und Fakten verbunden mit Emotionen).

Durch Lernen entstehen im Gehirn neue neuronale Verknüpfungen (Verbindungen zwischen Nervenzellen). Je öfters Sie eine bestimmte Lernerfahrung machen, desto stabiler wird diese Nervenverbindung. Dies um so besser, je mehr Eingangskanäle (Sinneskanäle, Emotionen, motorische Zugänge, ...) an einer Lernerfahrung beteiligt sind, desto nachhaltiger ist der Lernprozess, desto sicherer ist das Wissen verfügbar.

Eine einzige Nervenzelle kann durch vielfältige Erfahrungs- und Lernprozesse mit hunderten oder sogar tausenden anderen Nervenzellen verbunden sein. In Ihrem Gehirn bilden sich so neuronale Netzwerke. Und diese Netzwerke spiegeln die Lernerfahrungen, die Sie im Laufe Ihres Lebens gemacht haben. Was als Lernen bezeichnet wird, ist (vereinfacht gesagt) nichts anderes, als die Neuentstehung oder die Verstärkung bereits bestehender Verbindungen zwischen Nervenzellen. Je öfters Sie eine bestimmte nervenimpulsauslösende

Erfahrung machen, desto stabiler wird die synaptische Verbindung zwischen den Nervenzellen, die diese Erfahrung abbildend speichern. Lernen ist also auf der Ebene des Gehirns die Veränderung der Feinstruktur Ihres Gehirns (synaptische Verbindungen zwischen Nervenzellen sowie das Entstehen von neuronalen Netzen) in Abhängigkeit von unseren Erfahrungen. (nach https://www.brgdomath.com/psychologie/lernen-und-ged%C3%A4chtnis-tk-3/was-passiert-beim-lernen-im-gehirn/)

Für Ihr erfolgreiches Lernen bedeutet dies, dass das Gehirn zwar viele Einzelimpulse verarbeitet, aber nur das langfristig verankert, was häufig wiederholt wird. Um es mit den Worten von Professor Spitzer zu sagen: „Das Gehirn speichert nicht Kleinkram sondern allgemeine Regeln." Durch unzählige Beispiele generiert das Gehirn also die zugrunde liegende Regelhaftigkeit ganz von selbst (autopoietisch).

„Das Gehirn kann gar nicht anders und tut nichts lieber und macht nichts anderes ... als aus vielen Beispielen den Gebrauch der Beispiele selbst zu generieren." (Spitzer, M., 2010)

2.2 Die eigene Resilienz stärken

Hilfreich für ein gelingendes Selbstmanagement in kritischen, belastenden Situationen ist die Kenntnis der systemischen Betrachtungsweise sowie des konstruktivistischen Ansatzes. Beides dient dazu, um sich selbst als eigene Persönlichkeit auch in einer realen, problembehafteten Situationen besser verstehen zu können. So wird ein Finden und Einsetzen von situativ und individuell passenden Handlungsalternativen gezielter und effizienter.

2.2.1 Exkurs: Der Begriff System - eine Annäherung

In verschiedenen Wissenschaften hat eine systemische Betrachtungsweise eine breite Ressonanz gefunden. Dies vor allem deshalb, weil zunehmend erkannt wurde, dass einfache Ursache-Wirkungs-Modelle auftretende Phänomene nur unzureichend beschreiben können. Systemtheoretische Ansätze bieten gerade für komplexe Phänomene passende Erklärungsmodelle. Insbesondere sind dabei „ganzheitliche und vernetzte Sichtweisen mit ihrer zirkularen Kausalität" (Speck, 1998) hilfreich.

Ein System kann als eine „aus irgendwelchen Elementen zusammengesetzte, geordnete Ganzheit" gesehen werden. „Dabei sind die Elemente in einem Netzwerk von Wechselbeziehungen miteinander verbunden, so dass jedes die Bedingungen aller anderen beeinflusst. Gleichzeitig ist ein System, in eine Umwelt eingebunden" (Beushausen). Luhmann entwickelte eine allgemeine Funktionstheorie auf einem hohen Abstraktionsgrad und einer komplexen Begrifflichkeit. Er baut dabei auf dem Strukturfunktionalismus Parsons sowie der mathematischen und biologischen Kybernetik, der Kommunikationstheorie und des Konstruktivismus auf. Im Mittelpunkt der Systemtheorie Luhmans steht das Verhältnis von System und Umwelt (vgl. Huschke-Rhein, 1989).

Luhmanns Theorie basiert auf der spezifischen Unterscheidung (Differenz) zwischen System und Umwelt.: „Ein System" ist „die Differenz zwischen System und Umwelt. [...] Bei der Unterscheidung von System und Umwelt wird das System bezeichnet und nicht die Umwelt. Die Umwelt bleibt draußen, das System ist auf der einen Seite, die Umwelt auf der anderen Seite" (Luhmann, 2004) „Selbstreferenz" oder „Selbstbeobachtung" meint die operative Handhabung von Unterscheidungen, sie setzt die Einführung der System/Umwelt-Differenz voraus. Eine Ausdifferenzierung von Systemen kommt nur durch Selbstreferenz zustande (vgl. Schulze). Soziale Systeme bestehen aus der Operation ‚Kommunikation' und sind daher flexible Gebilde. Sie reproduzieren sich selbst (Autopoiesis) und verändern sich dabei (vgl. Luhmann). „Selbstreferentielle Systeme operieren notwendigerweise im Selbstkontakt, und sie haben keine andere Form für Umweltkontakt als Selbstkontakt. [...] Systemeigene Prozesse und Strukturen ermöglichen es, einen sinnstiftenden ′Plan′ zu nutzen. [...] Anschließende Operationen reproduzieren zugleich Sinn mit Verweisung nach außen und nach innen." (Luhmann, 1993) Diese Sinn-Systeme konstituieren sich über eine „interne Selbstabbildung oder Selbstmodellierung", indem die System/Umwelt-Differenz in einer vereinfachten Form in das System wieder eingeführt wird (vgl. Krieger, 1996).

Bei den Funktionsebenen selbstorganisierter Systeme führt Luhmann eine weitere Perspektive ein, etwas Drittes, das weder zum System noch zur Umwelt gehört „die Grenze". Diese erfüllt spezifische „Filterleistungen", mit der Konsequenz, dass Systeme ihre Strukturen auch an Grenzfunktionen ausrichten (vgl. Luhmann). Psychische und soziale Systeme zeichnen sich nach Luhmann (vgl. 1993) als spezifische „Sinnsysteme" aus, da sie die Differenz von System und Umwelt ausschließlich durch „Sinngrenzen" vermitteln. Dabei stehen die Systemgrenzen zur Disposition, sie können im System reguliert und aktiviert werden.

Diese Regulation kann sich auf drei verschiedenen Sinndimensionen vollziehen:

1. der Sachdimension,
2. der Zeitdimension und
3. der Sozialdimension.

Alle drei Dimensionen kommen jedoch nur in Kombination und nicht isoliert vor. Nur wenn Systeme in der Lage sind, klare Grenzen zu ziehen, können sie sich selbst operationsfähig machen – im Modus der Rückbezüglichkeit auf sich selbst. „Sinn“ verweist nach Luhmann auf ein besonderes Erfordernis des selbstreferenziellen Auffassens und selektiven Prozessierens, auf die „symbolische Generalisierung“. Dies bewirkt eine Reduktion von Komplexität (vgl. Luhmann, 1993).

„Ein differenziertes System besteht nicht mehr einfach aus einer gewissen Zahl von Teilen und Beziehungen zwischen Teilen. Es besteht vielmehr aus einer mehr oder weniger großen Zahl von operativ verwendbaren System-Umwelt-Differenzen, die jeweils an verschiedenen Schnittstellen das Gesamtsystem als Einheit von Teilsystem und Umwelt rekonstruieren.” (Luhmann, 1993) Luhmann weist darauf hin, dass es Systeme in der Realität nicht gibt, sondern diese sind ein „Konstrukt eines Systemtheoretikers“ (Luhmann, 2004) aufgrund seines Beobachtens.

Systeme bestehen aus Elementen und deren Relationen, die sich gegenseitig konstituieren im Vollzug der Systembildung (vgl. Luhmann, 1993). Das heißt, die Elemente werden immer nur durch das System konstituiert, das aus ihnen besteht und ihre Einheit verdanken sie nur der eigenen Systemkomplexität.

Um Systeme zu begreifen ist das Klären einiger Begriffe erforderlich:

Kontingenz: „Kontingenz ist etwas, was weder notwendig ist noch unmöglich ist, was also so, wie es ist (war, sein wird), sein kann, aber auch anders möglich ist.” (Luhmann, 1991) Zukünftige Ereignisse sind vielfältig, qualitativ unterschiedlich und in ihren Möglichkeiten offen, sodass sie weder planbar noch vorhersagbar sind. Der Begriff der Kontingenz bezeichnet das, „was von der Realität aus gesehen anders möglich ist.“ (Luhmann, 1991) Damit wird durch das Zeitbewusstsein das Kontingenzbewusstsein geschärft (vgl. Barth). “Soziale Systeme entstehen dadurch (und nur dadurch), dass beide Partner in jeder Aktivität doppelte Kontingenz erfahren, und dass die Unbestimmbarkeit einer solchen Situation für beide Partner in jeder Aktivität, die dann stattfin-

det, strukturbildende Bedeutung gibt." (Luhmann, 1991) Bei zwischenmenschlichen Begegnungen, ist jede Person „dem Zugriff des anderen (doppelt!) entzogen. Es gibt weder Notwendigkeit noch Unmöglichkeit. Man hat es immer nur mit möglichem Anderssein und möglichen Veränderungen zu tun." (Speck, 1998) Dies ist jedoch kein Hindernis für ein funktionierendes soziales System; denn ein solches ist nicht darauf angewiesen sich gegenseitig vollkommen zu durchschauen und zu prognostizieren: „Das soziale System ist gerade deshalb System, weil es keine basale Zustandsgewissheit und keine darauf bauenden Verhaltensvorhersagen gibt." (Luhmann 1991)
Das Regulieren in doppelter Kontingenz erfolgt in sozialen Systemen durch Sprache, Kultur, geltende Werte und Normen (vgl. Luhmann, 2004). Entscheidend in diesem Zusammenhang ist der selbstreferentielle Zirkel: „Ich tue, was Du willst, wenn Du tust, was ich will" (Luhmann, 1991) Das bedeutet, dass in sozialen Systemen die Partner sich gegenseitig beobachten in ihren Beeinflussungsversuchen und daraus Erfahrungen sammeln und diese interpretieren.
„Der Problemcharakter der doppelten Kontingenz liegt in der wechselseitigen Unsicherheit des Verhaltens begründet, die es zu überwinden gilt. Somit wird die gegenseitige Abstimmung des Verhaltens durch Kommunikation notwendig." (Barth). Eine doppelte Kontingenz ermöglicht „die Ausdifferenzierung einer besonderen Weltdimension für sozial unterschiedliche Sinnperspektiven. [...} Denn unter dieser Bedingung der doppelten Kontingenz wird jede Selbstfestlegung wie immer zufällig entstanden und wie immer kalkuliert Informations- und Anschlußwert für anderes Handeln gewinnen." (Luhmann, 1991)
Die primäre Funktion von Systemen ist die Reduktion von (Umwelt-) Komplexität. Dazu gehört der Ausgleich des „Komplexitätsgefälles" zwischen System und seiner Umwelt, die zur Generierung einer Eigenkomplexität des Systems führt. Konsequenterweise werden die Beziehungen nach Außen entsprechend den systemeigenen Funktionen „passend gemacht" (vgl. von Glasersfeld, 1987).

Komplexität: Komplexität bezeichnet zunächst nichts anderes als die „unheimliche Vielzahl an Möglichkeiten", die sich ereignen können. Sie ist in diesem Sinne eine quantitative Größe. "Als komplex wollen wir eine zusammenhängende Menge von Elementen bezeichnen, wenn auf Grund immanenter Beschränkungen der Verknüpfungskapazität der Elemente nicht mehr jedes Element jederzeit mit jedem anderen verknüpft sein kann." (Luhmann, 1991) Komplexität bedeutet, dass es für ein Element stets mehr Möglichkeiten gibt Beziehungen einzugehen, als es tatsächlich realisieren kann. Die Elemente sind daher gezwungen, eine Selektion vorzunehmen. „Durch die Realisierung von Relationen werden einerseits bestimmte Beziehungen gewählt, selegiert und andererseits werden damit andere Beziehungen ausgeschlossen, negiert." (Huschke-Rhein, 1989)

Komplexität beinhaltet einen Zwang zur Selektion. Selektionszwang heißt Kontingenz, und Kontingenz heißt Risiko. Jeder komplexe Sachverhalt beruht auf einer Selektion der Relationen zwischen seinen Elementen, die er benutzt, um sich zu konstituieren und zu erhalten. Die Selektion plaziert und qualifiziert die Elemente, obwohl für diese andere Relationierungen möglich wären (vgl. Luhmann).

Luhmann sieht die Lösung des Komplexitätsproblems in einem angemessenen Umgang mit Komplexität. Erforderlich ist die Reduktion von Komplexität und zugleich der Aufbau einer eigenen, qualitativ neuen (emergenten) Komplexität, was ein System durch eine Selektionsleistung z.B. durch angemessene Selektionsstategien erreicht. - Eine Schwierigkeit bleibt bestehen, Komplexität ist unkontrollierbar und unbeherrschbar. - Das genannte Vorgehen schafft nach Huschke-Rhein (1989) eine neue Komplexität; denn die nicht gewählten Möglichkeiten schaffen anderen Elementen neue Anschlussmöglichkeiten und ermöglichen somit das Entstehen neuer differentieller Systeme (vgl. Huschke-Rhein, 1989). Zugleich entstehen durch die selektive Reduktion jeweils systemspezifische Ordnungsformen von Komplexität als eigene Formen der (Selbst-) Organisation.

Eine stimmige Reduktion von Komplexität ist das Bilden von Begriffen; denn ein System kann nur beobachten, was es begreifen kann (vgl. Luhmann). Psychische und soziale Systeme nutzen „Sinn", um damit Komplexität zu reduzieren. „Sinnverarbeitende Systeme", so z.B. der Mensch, „zeichnen sich dadurch aus, dass ihnen alles nur in Form von „Sinn" zugänglich ist, d.h. Sinn verweist und reproduziert immer wieder neuen „Sinn"." (Schulze). Das Operieren der Systeme ist in ihrem Prozess auf sinnhafte Verarbeitung von Komplexität und Selbstreferenz angewiesen.

Jeder Mensch ist ein hochkomplexes psychisches System und zwischenmenschliche Beziehungen sind ebenfalls hoch komplex. Als hochkomplexe Systeme lassen sich z.B. auch Familien sowie die

Gesellschaft, die sich aus Familien, Organisationen, Verbänden, Institutionen usw. zusammensetzt bezeichnen.

Struktur: „Strukturen sind Bedingungen [...] der Autopoiesis des Systems. [...] Sie existieren nicht abstrakt, nicht unabhängig von der Zeit. Sie werden im Vollzug des Fortgangs von Operation zu Operation verwendet - oder nicht verwendet. [...] Strukturen [...] bestimmen, wie viel innere Komplexität ein System generieren und tolerieren kann." (Luhmann, 1997) Systeme bestehen aus Operationen, in sozialen Systemen aus Kommunikation, die immerwährend reproduziert werden müssen. Strukturen entstehen aus dem ständigen Wiederholen von Identischem und werden in unterschiedlichen Zusammenhängen gebildet.

Strukturelle Kopplung: Der Begriff geht auf Maturana und Varela zurück und bezeichnet Interaktionen bzw. Beziehungen zwischen System und Umwelt (vgl. Maturana/Varela, 1987). Maturana versteht den Begriff „strukturelle Kopplung" als die Fähigkeit lebender Systeme, sich strukturell an veränderte Umweltbedingungen anzupassen. Lebende Systeme gleichen ihre Struktur an das gegebene Umfeld an, um ihre Organisation bzw. ihre Autopoiese zu bewahren (vgl. Maturana). Lebende Systeme stehen durch Interaktionen in wechselseitiger Beziehung mit ihrem Umfeld und sind Einflüssen ausgesetzt, die das innere Gleichgewicht stören. „Im Wechselspiel mit ihrer Nische, oder allgemeiner, mit ihrem Medium durchlaufen Lebewesen eine Geschichte struktureller Veränderungen, die schließlich der Tod beendet. Da Leben bedeutet die Autopoiese zu wahren, daher dürfen verkraftbare ‚Störungen' nur die Struktur, nicht jedoch die Organisation betreffen." (Maturana, 1994)

Vor allem bezeichnet der Begriff „strukturelle Kopplung" für soziale Systeme die wechselseitige Abhängigkeit von Systemen und Umwelt, „die ein Beobachter sehen kann, wenn er die Unterscheidung von System und Umwelt zugrunde legt. Die Beziehungen bzw. Abhängigkeiten beeinflussen langfristig die im System selbst produzierten Strukturen. [...] Strukturelle Kopplungen erfassen immer nur einen extrem beschränkten Ausschnitt der Welt. [...] Die Komplexität der gekoppelten Umweltsysteme bleibt für das System intransparent. [...] Sie wird zumeist nur in der Form von Voraussetzungen und Störungen [...] im eigenen Operieren rekonstruiert." (Luhmann, 1997/2006)

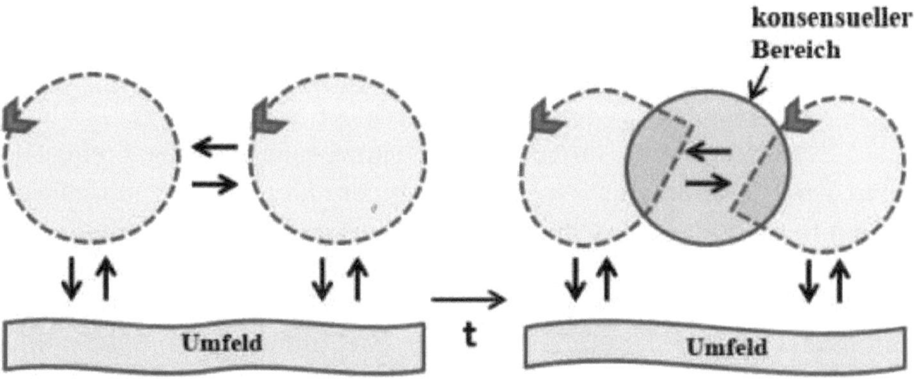

Strukturelle Kopplung zweier lebender Systeme (vgl. Kiel 2016, aus Maturana/Pörsen, 2002)

Wirken zwei oder mehrere Systeme unter Beibehaltung ihrer Struktur aufeinander, dann liegt eine strukturelle Kopplung vor. Über den Mechanismus der Kopplung können Systeme an hochkomplexe Umweltbedingugen angeschlossen werden, ohne deren Komplexität erarbeiten zu müssen (vg. Luhmann, 1997).

Autopoesis: Maturana und Varela (1982), die Biologen, Neurophysiologen und Erkenntnistheoretiker, führten den Begriff der Autopoiesis zur Erklärung selbstorganisierter Phänomene ein. Diese Systeme sind in der Lage, sich selbst zu erhalten bzw. als „autonome Einheit" dauernd selbst zu erzeugen.

Der Begriff Autopoiesis dient dem Verständnis lebender Systeme, z.B. organischer oder neurophysiologischer Systeme. „Indem lebende Systeme, als autopoietisch organisierte Systeme, sich ständig selbst erzeugen und ihre Operationen einen geschlossenen Kreislauf bilden, ist ihr Sein und ihr Tun untrennbar: Sie sind Erzeuger und Erzeugnis, Produzent und Produkt zugleich" (Paradoxon). „Durch diese dynamische Verbindung von Bestandteilen in einem kontinuierlichen Netzwerk werden Bestandteile erzeugt, die allesamt in das Netzwerk von Umwandlungsprozessen integriert werden, das diese Bestandteile erzeugt, wobei einzelne Bestandteile eine Begrenzung für dieses Netz von Transformationen bilden." (Schulze).

Maturana nennt dafür ein Beispiel: „Eine einzelne biologische Zelle. Im Prozess der System-Umweltbeziehung wird ein von außen kommendes Ereignis zum Systemelement transformiert, das dann als informatives systeminternes Element die Struktur des Systems gleichzeitig reproduziert und variiert." (Maturana, 1987)

Damit ein Ereignis für ein System sinnhaft werden kann, muss es intern kontextualisiert werden. Dies geschieht, indem es rekursiv in einen systeminternen Horizont eines Sinnzusammenhanges eingebettet wird. Das Ereignis wird dann zu einem Element des autopoietischen Reproduktionsprozesses des Systems (vgl. Luhmann 1987). „Sinn" ist nach Husserl der 'Motor' für Bewusstseinsleistungen eines Subjektes. Alles Erleben ist dabei sinnhaft. Nach Husserl arbeitet das Bewusstsein immer intentional und aktförmig, wobei immer etwas Bestimmtes im Fokus der Aufmerksamkeit steht (vgl. Huserl). In diesem Prozess wird Geschlossenheit zugleich für die Sinnselektion benötigt, als auch immer wieder aufs Neue erzeugt, paradoxerweise eben durch diesen Prozess selbst.

Luhmann überträgt den Autopoiesisbegriff auf psychische Systeme und soziale Kommunikationssysteme: „Jedes dieser Systeme reproduziert sich selbst autopoietisch nach Maßgabe der eigenen Struktur. Die autopoietische Reproduktion erzeugt die Einheit des Systems und dessen Grenze." (Luhmann) Da autopoietische Systeme selbstreferentiell geschlossen operieren sind sie zugleich struktur- und zustandsdeterminiert. Sie verfügen über eine systemspezifische Operationsweise, die sich durch eine fundamentale Zirkularität auszeichnet. Diese erfüllt die Doppelfunktion, nämlich Selbsterzeugung und Reproduktion weiterer Operationen. Luhmann unterscheidet drei voneinander getrennte Klassen autopoietischer Systeme: Psyche (als System), soziale Systeme und Kommunikation. Diese drei Systeme operieren alle unabhängig voneinander, wenngleich auch alle drei vielfältig miteinander verbunden sind und ihre Existenz vom Existieren des jeweils anderen abhängig ist. Unabhängig sind sie in der Hinsicht, dass sie sich wechselseitig nicht beeinflussen können (vgl. Ernst, 2014).

„Menschen können nicht kommunizieren, nicht einmal ihre Gehirne können kommunizieren. Nur die Kommunikation kann kommunizieren. (Anmerkung: Luhmann definiert Kommunikation selbst als soziales System, dessen Elemente Einzelkommikationen sind. Soziale Systeme reproduzieren dabei „[...] Kommunikation durch Kommunikation jeweils auf der Basis eines durch Kommunikation erreichten historischen Zustandes. Sie tun dies mit Hilfe von Strukturen, die selbst wiederum Produkte der Kommunikationen sind. Sie entscheiden dabei (selbst), was wieder verwendet, was erinnert und vergessen wird.") [...] Das eigene Bewusstsein tanzt wie ein Irrlicht auf den Worten herum. [...] Selbst während des Redens beschäftigt sich das Bewusstsein mit Wahrnehmungen." (Luhmann) In sozialen Systemen sind „Kommunikationen das Basiselement und benötigen Wissen, um ihre Autopoiesis in Gang zu halten. Wissen ist sozusagen das Medium, durch welches potentiell in Frage kommende Möglichkeiten beobachtet werden können, und das sodann für die zeitlich folgenden Sinnselektionen als Anstoßmechanimus wirkt." (Gabo)

Beispielhaft ist die Beziehung zwischen psychischen und sozialen Systemen. Beide sind zwei verschiedenartige, komplexe autopoietische Systeme, die wechselseitig zueinander in Beziehung treten. Beide sind durch ihre je eigenen Strukturen determiniert und können auch nur im Rahmen ihrer eigenen Strukturen operieren. Gleichzeitig sind sie über ihre Umwelt strukturell miteinander gekoppelt („Interpenetration"). Luhmann bezeichnet mit diesem Begriff eine Intersystembeziehung zwischen Systemen, eine gegenseitige Angewiesenheit. Die Systeme operieren zwar selbstreferentiell geschlossen, jedoch stellen sie gegenseitig „die eigene Komplexität [...] zum Aufbau eines anderen Systems zur Verfügung." (Luhmann, 1993) Jedes System ist das Produkt der Ko-Evolution von System und Umwelt.

Autopoiesis wird auch kognitiv erzeugt, vor dem Hintergrund der konstruktivistisch orientierten Auffassung, dass sich eine (sinnstiftende) Bedeutung von Systemzuständen nur über die Teilhabe am Beobachtungssystem erschließen lässt. (vgl. Luhmann, 1999)

Gedächtnis: Nach Luhmann (1997) ist das Gedächtnis überhaupt Voraussetzung für die Ereignishaftigkeit der Kommunikation. Als Ereignis bezieht sich die Kommunikation auf sich selbst, und das schafft sie nur, wenn sie zwischen Vergangenem und Zukünftigem unterscheiden kann. Bei sozialen Systemen liegt die Funktion des Gedächtnisses in der Regulierung des Verhältnisses zwischen Erinnern und Vergessen.

Luhmanns systemische Ansätze bedürfen der Ergänzung insbesondere in normativ ethischer Hinsicht und im Entwicklungsaspekt. Diese Aspekte bringen ökologisch systemische Modelle ein. (Bronfenbrenner und Bateson, 1981)

Öko-systemische Ansätze

Etymologisch geht der Begriff „ökologisch" bzw. „Ökologie" auf das griechische Wort „oikos" zurück. Übersetzt bedeutet dies Haus oder Heim. Speck verwendet den Begriff „ökologisch" im Sinne einer normativen Komponente und erweitert dadurch den Systembegriff um den Aspekt des „Heimischwerden des Menschen" (Speck, 1998); denn im Begriff „Ökologie" ist ein Wert enthalten. Damit erfüllt „ökologisch" den „Anspruch eines pädagogischen Handlungsansatzes" (Barth, 2007). Speck sieht die Bedeutung des Begriffs „ökologisch" als auf „die Lebenswelt und eine bessere Zukunft" gerichtet. Zugleich umfasst der Begriff „ökologisch" auch das Berücksichtigen ganzheitlicher Zusammenhänge und „das Verhältnis von System und Umwelt" (Barth, 2007).

Ganzheitsprinzip: Es geht darum, die wirkenden Zusammenhänge zu erkennen, in denen ein einzelnes Element steht. Es hat einen holistischen Charakter (vgl. Bateson; 1985).: „Wir wissen, dass kein Teil eines solchen in sich interaktiven Systems eine einseitige Kontrolle über den Rest oder über irgendeinen anderen Teil haben kann. Die geistigen Charakteristika sind die Gesamtheit als ganzer inhärent und immanent." (Bateson, 1985) Bateson sieht jeden Menschen als ein selbstregulierendes System und schließt: „In keinem System, das geistige Charakteristika aufweist, kann also irgendein Teil einseitig Kontrolle über das Ganze haben. Mit anderen Worten, die geistigen Charakteristika des Systems sind nicht einem Teil immanent, sondern dem System als ganzem." (Bateson,1985) Will heißen, dass in einer Ganzheit jeder Teil des Systems mit den anderen so verbunden ist, dass jede Änderung an/in einem Teil zu Veränderungen des ganzen Systems führt. Damit umfasst dieser holistische Ansatz auch die Sicht, dass beim Menschen eine „Leib-Seele-Ganzheit" besteht, dessen Teile einander zugeordnet und voneinander abhängig sind.

Damit kann nach Speck das Erleben und Verhalten eines Menschen nur dann adäquat erklärt werden, wenn seiner Ganzheit genügend Rechnung getragen wird (vgl. Speck, 1998). Bateson macht dies an einem anschaulichen Beispiel deutlich: Man denke an einen Mann, der einen Baum mit der Axt fällt. Jeder Hieb der Axt wird entsprechend dem Aussehen der Schnittkerbe des Baumes, die durch den vorherigen Schlag hinterlassen wurde modifiziert oder korrigiert. Dieser selbstregulierte (d.h. geistige) Prozess wird herbeigeführt durch ein Gesamtsystem Baum-Augen-Gehirn-Muskeln-Axt-Hieb-Baum; und es ist dieses Gesamtsystem, das die Charakteristika des immanenten Geistes hat." (Bateson,1985)

Zirkularität: Das Prinzip des Zirkulären beinhaltet eine Kausalität. Das wechselseitige Beeinflussen von Person und Umwelt gründet auf strukturellen Kopplungen zwischen den Systemen und bildet die Grundlage jeder Entwicklung. Bateson sagt: „Wenn man irgend etwas im menschlichen Verhalten erklären oder verstehen will, dann hat man es im Prinzip immer mit totalen Kreisläufen, d.h. vollständigen Kreisläufen zu tun." (Bateson, 1985) Speck konkretisiert dies: „Ausschlaggebend für die Entwicklung sind nicht isolierbare monokausale Wirkungen zwischen dem Kind und bestimmten Objekten und Personen, sondern die Komplexität der Verbindungen und Interaktionen zwischen den einzelnen Objekten und Personen innerhalb eines bestimmten Lebensbereichs. Man spricht von zirkulärer Kausalität." (Speck, 1998)

Co-Konstruktion von Wirklichkeit: Jede Person steht mit ihrer Umwelt in Wechselwirkung, einem Wechselwirkungsgefüge. Dies bedeutet, dass die individuelle kognitive Konstruktion von Wirklichkeit immer und ausschließlich eine Ko-Konstruktion ist. Auch die ökosystemischen Modelle postulieren eine aktive Rolle des autopoietischen Systems in der Wahrnehmung von Wirklichkeit. Will heißen, jedes Individuum hat je nach seinen bisherigen persönlichen Erkenntnis- und Handlungsmöglichkeiten seine eigene Sicht von und auf die Wirklichkeit. Im Unterschied zu Luhmann wird bei der ökosystemischen Sicht deutlich, dass „nicht alle Wirklichkeit über die ein Mensch verfügen kann, ausschließlich selbstentworfen und selbstgedacht ist. Die wechselseitigen Einwirkungen (Person-Umwelt) bewirken eine Doppelfunktion; denn jede Konstruktion von Wirklichkeit ist in soziale Prozesse eingebunden und damit ist die individuelle Wirklichkeit soziokulturell mitbestimmt. Sie unterliegt auch der Kontrolle durch andere (Personen, Organisationen) (vgl. Speck, 1998).

Autonomieprinzip: Es meint weitgehend den von Luhmann bezeichneten Begriff der Autopoiesis, nämlich die andauernde Selbstorganisation und Selbstregulation psychischer und sozialer Systeme. Im Unterschied zu Luhmann wird jedoch aus ökosystemischer Perspektive die „Autonomie der Systeme als interdependent verstanden, da sich das autonome System stets in permanenter Wechselwirkung mit seiner Umwelt befindet. Das heißt, dass zwar jedes Individuum autonom handelt und wertet, dabei aber stets den „jeweiligen biologischen, kognitiven, sozialen und kulturellen Bedingungen“ (Speck, 1998) seiner Lebenswelt unterworfen ist. „Die autonomen kognitiven Prozesse vollziehen sich daher nicht selbstherrlich sondern sind immer sozio-kulturell geprägt (vgl. Barth, 2007). Zudem gilt „die Art und Weise, wie ein autonomes System die Umwelt wahrnimmt und sich mit ihr auseinandersetzt, ist nicht allein von der Vernunft sondern auch von den Emotionen des Individuums abhängig.“ (Barth, 2007)

Speck sieht das Ergänzende der beiden Begriffe „systemtheoretisch“ und „ökologisch“ und verbindet die beiden Dimensionen in einem Denkmodell, dessen Ansätze er „öko-systemisch“ oder „system-ökologisch“ nennt (vgl. Speck, 1998). Speck entwirft ein Achsenkreuz, in dem das Systemische die „formale horizontale Ebene und das Ökologische die normative vertikale Ebene“ bezeichnet. Somit bleiben nach Barth die Unterschiede der Begriffe bestehen:

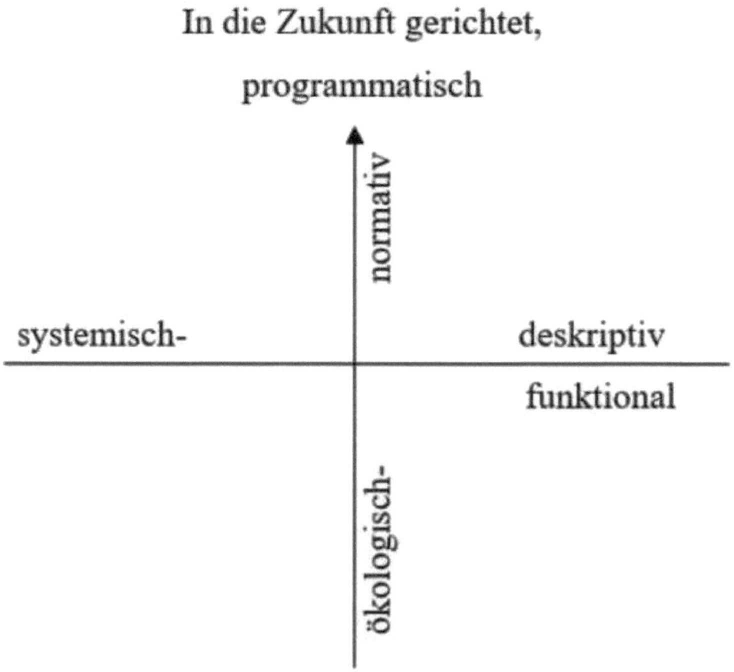

(Systemisch-ökologischer Achsenbegriffe; Speck, 1998)

Ökologie menschlicher Entwicklung

Bronfenbrenner entwickelte die Perspektive der „Ökologie der menschlichen Entwicklung“ (Bronfenbrenner, 1981). Er bezeichnet diese als „fortschreitende gegenseitige Anpassung zwischen dem aktiven, sich

entwickelnden Menschen und den wechselnden Eigenschaften seiner unmittelbaren Lebensbereiche. Dieser Prozess wird fortlaufend von den Beziehungen dieser Lebensbereiche untereinander und von den größeren Kontexten beeinflusst, in die sie eingebettet sind." (Bronfenbrenner, 1981). Für die kindliche Entwicklung sind daher die aktiv gestalteten Interaktionen, d.h. die individuelle Auseinandersetzung mit der jeweiligen Lebensumwelt entscheidend. Nach Bronfenbrenner wirken dabei vier verschiedene Umweltsysteme, die miteinander in Wechselwirkung stehen. Bronfenbrenner sieht zur Verdeutlichung die jeweiligen Systeme in einer konzentrischen Anordnung. Jedes System wird dabei vom nächst größeren umschlossen. Bronfenbrenner nennt diese Lebensbereiche „Mikro-, Meso-, Exo- und Makrosystem":
Mikrosystem: „Ein Mikrosystem ist ein Muster von Tätigkeiten und Aktivitäten, Rollen und zwischenmenschlichen Beziehungen, die die in Entwicklung begriffene Person in einem gegebenen Lebensbereich mit den ihm eigentümlichen physischen und materiellen Merkmalen erlebt." (Bronfenbrenner, 1981). Nach Oerter (1998) umfasst ein Mikrosystem die kleinsten Subsysteme einer Gesellschaft, d.h. die unmittelbare Umwelt eines sich entwickelnden Individuums (Familie (z.B. Mutter-Kind), Kindergartengruppe (z.B. Erzieherin-Kind; Kinder-Kind), Schulklasse (Lehrer(-in) -Kind); Kinder-Kind) sowie die räumlichen Verhältnisse (z.B. Wohnung, Gruppenraum) (vgl. Oerter, 1998).

Mesosystem: „Ein Mesosystem umfasst die Wechselbeziehungen zwischen den Lebensbereichen, an denen die sich entwickelnde Person aktiv beteiligt ist (für ein Kind etwa die Beziehungen zwischen Elternhaus, Schule und Kameradengruppe in der Nachbarschaft; für einen Erwachsenen die zwischen Familie, Arbeit und Bekanntenkreis)." (Bronfenbrenner, 1981) Die Art und Weise bzw. Qualität dieser Beziehungen wirkt maßgeblich auf die Entwicklung einer Person ein.

Exosystem: „Unter Exosystem verstehen wir einen Lebensbereich oder mehrere Lebensbereiche, an denen die sich entwickelnde Person nicht selbst beteiligt ist, in denen aber Ereignisse stattfinden, die beeinflussen, was in ihrem Lebensbereich geschieht, oder die davon beeinflusst werden." (Bronfenbrenner, 1981) Nach Oerter sind solche Exosysteme für ein Kind z.B. die Arbeitswelt der Eltern oder der Freundeskreis der Geschwister.

Makrosysteme: „Der Begriff des Makrosystems bezieht sich auf die grundsätzliche formale und inhaltliche Ähnlichkeit der Systeme niederer Ordnung (Mikro-, Meso- und Exosysteme), die in der Subkultur oder der ganzen Kultur bestehen oder bestehen könnte, einschließlich der ihnen zugrunde liegenden Weltanschauungen und Ideologien." (Bronfenbrenner, 1981) Nach Strasser (1995) umfasst das Makrosystem die übergeordneten Institutionen und Organisationen, so z.B. das Bildungssystem und das kulturelle System, aus denen das Werte- und Normensystem einer Gesellschaft erwächst (vgl. Strasser, 1995).

Nach Barth ermöglicht ein systematisches Beschreiben der jeweiligen Lebenswelten, „die Wechselwirkungen zwischen Person und Umwelt" stimmig auf die Entwicklung einer Person „einzuschätzen, und das Zusammenwirken der einzelnen Systeme zu überprüfen." (Barth, 2007) Die nachfolgende Grafik verdeutlicht bzw. veranschaulicht das eben Genannte (vgl. Strassser, 1995):

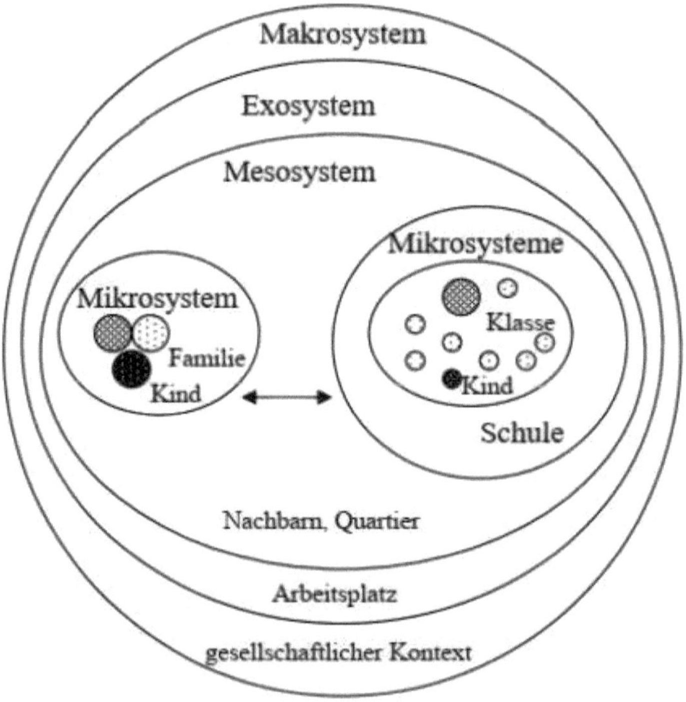

Das Modell steht auch in der Tradition von Bateson, der als Mitbegründer der ökologischen Sicht der Lebensprozesse gilt und 1972 in seinem 1985 in Deutschland erschienen Buch „Ökologie des Geistes" den Begriff der Ökologie in die Sozialwissenschaften einbringt. Batesons Ansatz stimmt in weiten Teilen mit demjenigen von

Bronfenbrenner überein: Beide definieren handelnde Personen als Elemente eines sozialen Systems, die über ihre Situation reflektieren. Dies steht im Gegensatz zu Luhmans Ansatz (vgl. Barth, 2007). Bateson und Bronfenbrenner stimmen darin überein, dass es innerhalb eines Systems soziale Regeln gibt, die das Verhalten des Systems bestimmen (vgl. König, 1997).

Kernstück der Theorie Batesons ist „die Betrachtung der Wirklichkeit als Netzwerk von zirkulär interagierenden Systemen und Subsystemen, deren beobachtbare Phänomene sich nicht erklären lassen, wenn sie aus dem Kontext gerissen werden. [...]: Das Muster, das verbindet. Ohne Kontext haben Worte und Handlungen überhaupt keine Bedeutung." (Bateson, 1987) Ähnlich wie Luhmann hat Bateson eine differentialistisch aufgebaute Theorie. Für Bateson ist Wissenschaft „eine Wahrnehmungsweise und, sagen wir, Sinngebung unserer Wahrnehmungsgegenstände. Aber Wahrnehmung arbeitet nur mit Unterschieden. Jede Informationsaufnahme ist notwendig die Aufnahme einer Nachricht von einem Unterschied, und alle Wahrnehmung von Unterschieden ist durch Schwellen begrenzt." (Bateson,1987)

2.3 Zentrale Merkmale von „Systemen"

Als „Charakteristika des Geistes" bezeichnet Bateson Minimalanforderungen an ein System:

- Das System soll mit und auf der Grundlage von Unterschieden arbeiten.
- Das System soll aus geschlossenen Schleifen oder Netzen von Bahnen bestehen, auf denen Unterschiede und Umwandlungen von Unterschieden übertragen werden.
- Viele Ereignisse innerhalb eines Systems sollen eher durch den reagierenden Teil als durch den Einfluss des auslösenden Teils mit Energie gespeist werden.
- Das System soll Selbstregulation in Richtung auf Homöostase [....] zeigen. Selbstregulation umschließt Versuch und Irrtum (vgl. Bateson, 1987).

Systemische Ansätze unterscheiden sich von anderen Denkmodellen bzw. -methoden dadurch, dass sie:

- „Eher von Einzeleigenschaften absehen zugunsten von Interaktionen in einem Gesamtsystem.
- Vom Ursache-Wirkungs-Denken stärker abrücken zugunsten der Betrachtung von Kontexten.
- Von der Analyse von Systemteilen mehr Abstand nehmen zugunsten der Analyse von Beziehungsstrukturen zwischen den Teilen des Systems.
- Sich mehr auf Beschreibungen stützen und weniger auf Erklärungen.
- Eher syntaktisch (auf Grammatik und Struktur) als semantisch (auf Bedeutung) ausgerichtet sind." (Sparrer, 2006)

In psychologisch-pädagogischen Fachgebieten führte der kybernetische Ansatz zu Fragen nach:

- der Stabilität und Erhaltung eines Systems.
- Voraussetzungsbedingungen von Veränderung, Entwicklung und Kreativität.
- den (Un-)Möglichkeiten eines Beobachters.
- dem wechelseitigen Einfluss auf Stabilisierungs- und Veränderungsprozesse (vgl. Simon et al., 1999).

Systemorientierte Denkmodelle ermöglichen insbesondere

- sein eigenes Handeln zu orientieren, rekonstruieren und kritisch reflektieren zu können.
- Symptome oder Probleme nicht mehr als Eigenschaften von Individuen oder sozialen Systemen zu betrachten.
- die Strukturierung eines jeweiligen Bewusstseins und Gedächtnisses als das Ergebnis individueller Erfahrungen bzw. Entwicklungen zu sehen (interner Horizont).
- Konflikte als soziale Systeme zu sehen, die eine Negativversion von doppelter Kontingenz darstellen mit eigener Ordnung und auf die Zufuhr neuer Ressourcen angewiesen sind.
- zu verstehen, dass Interventionen nur dann wirken, wenn sie sich als Ereignis der inneren Wahrnehmung des zu beeinflussenden Systems darstellen.
- ein Denken in Zusammenhängen, die Fähigkeit eine Situation auf der Metaebene zu betrachten und zu durchdenken sowie erst danach zu Handeln.

- in der Praxis heuristische und kommunikative Funktionen, die sowohl einer kritischen Selbstreflexion und -evaluation, als auch dem Bereitstellen eines kommunikativen Rahmens zum Vermitteln, Erklären und Diskutieren von Phänomenen der Praxis dienen.
- Allen psychischen und sozialen Prozessen liegt „Sinnzwang" zugrunde. Sinn ermöglicht erst Kommunikation. Sinn ist eine Einheit von aktualisiertem (oder gewähltem) und potenziellem (oder möglichem) Sinn (vgl. Manteufel/Schiepek, 1998).

2.3.1 Exkurs: Kommikation, was ist das?

Jeder Mensch kann nicht alleine kommunizieren: Es kann sich nur an der Kommunikation beteiligen. Kommunikation ist Voraussetzung für das Entstehen eines sozialen Systems. An jedem sozialen System sind mindestens zwei Teilnehmende beteiligt. Ein außenstehender Beobachter kann Kommunikation nicht direkt beobachten: Nehmen wir an, der Beobachter ist der Sprache nicht mächtig. Er kann somit nur das äußere Verhalten jedes/jeder Beteiligten beobachten und beschreiben. Was dann z.B. bei einem Gespräch zwischen zwei Menschen beobachtet bzw. wahrnehmbar ist, dass diese in einer besonderen Weise miteinander interagieren, wobei sich die jeweiligen Verhaltensweisen gegenseitig zu beeinflussen scheinen. Der beobachtende Mensch wird sich nun eine Erklarung für dieses wahrgenommene Verhalten oder die Handlungen suchen: Die beiden haben miteinander kommuniziert, d.h. gegenseitig „Informationen geschöpft", was bewirkt hat, dass sie ihre Verhaltensweisen koordiniert haben.
Der beobachtende Mensch hat „Kausalität eines nicht direkt beobachtbaren, hypothetischen, generierenden Mechanismus für die direkt beobachtbaren Phänomene konstruiert. Nur wer in der Interaktion mit anderen das Verhalten der anderen auf dessen Sinn hin beobachtet und sich darüber klar ist, dass die anderen sein Verhalten auf dessen Sinn hin beobachten, ist in der Lage, sich an der Kommunikation zu beteiligen. Kommunikation ist eine Art „Spiel", bei dem sich Teilnehmende bei der Interpretation des gegenseitigen Verhaltens Absichten oder Motive unterstellen." (siehe Simon; 2014)

2.4 Ökosystemische Ansätze

Ökosystemische Ansätze sind insbesondere bei sozialen Systemen relevant. Sie eröffnen Perspektiven auf:

- Die hohe Relevanz der jeweiligen soziokulturellen Umwelt für die Entwicklung eines Menschen: Es besteht eine soziale Kopplung des Menschen mit seiner Umwelt.
- Erziehung als Kommunikation und Erziehungspersonen als Kommunikatoren, „die ihre Motive, Interessen, Einstellungen, Überzeugungen und Bewertungen ins Spiel bringen" (Speck, 1998)
- Die Autonomie bzw Autopoiesis jeder Person bewirkt, dass ein Übernehmen von Werten und Normen immer reflektiert und mit stets eigenen Bewertungen erfolgt.
- Die Qualität der Kommunikation, der Beziehung, Echtheit, Überzeugungskraft und Glaubwürdigkeit darüber entscheidet, ob Prinzipien, Normen und Verhaltensmuster übernommen, gelebt und dann auch selbst vertreten werden (vgl. Speck, 1998).
- Störungen werden dem Gesamtsystem, in dem ein Mensch lebt zugeschrieben. Damit müssen bei allem erzieherischen Handeln das Umfeld, die Lebenswelt, die bisherigen Erfahrungen eines Individuums sowie die dort Beteiligten einbezogen werden, um einer Ettikettierung oder Stigmatisierung vorzubeugen (vgl. Strasser, 1995).
- Nach Bateson ist „das Erlernen der Lebenskontexte ein Problem, das nicht von innen her, sondern als eine Sache der äußeren Beziehungen zwischen zwei Geschöpfen diskutiert werden muss." (Bateson, 1993) Somit wird klar, eine Beziehung umfasst immer mindestens zwei Personen und kann nie allein innerhalb einer Person bestehen; will heißen; dass immer das jeweilige Beziehungsgefüge berücksichtigt werden muss, um Beschreibungen wie „aggressiv", „zurückgezogen", „herablassend" oder „hochnäsig" usw. überhaupt zu legitimieren: Zuschreibungen müssen als solche gesehen werden; denn sie sind nicht innerhalb einer einzelnen Person verankert, sondern gründen bei der beobachtenden Person.
- Da Fremdbestimmung bei Beeinträchtigungen im pädagogischen Feld keine nachhaltigen Wirkungen zeitigt, sollten Ansätze eingeleitet werden, die es erlauben, eine sukzessiv wachsende Selbstregulation im Sinne einer Hilfe zur Selbsthilfe aufzubauen.

Die nachfolgende Grafik zeigt beispielhaft ein Interaktionssystem, wie es beim Zusammentreffen zweier Menschen oft vorkommt:

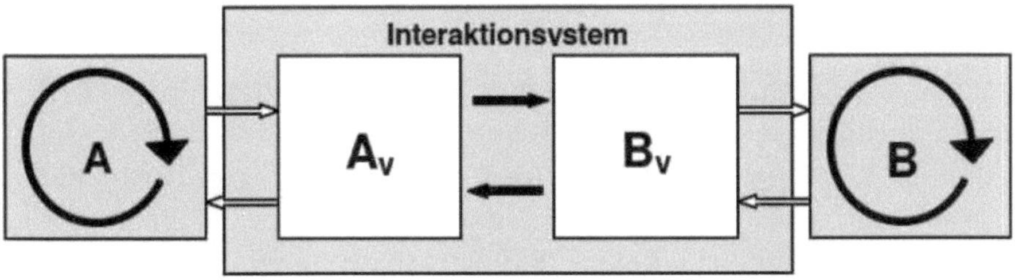

A bzw. B: Psychisches System A bzw. psychisches System B. Beide sind Umwelt für das Interaktionssystem (und umgekehrt) und können nur an eigene Operationen anschließen (psychische Systeme sind bspw. nur an eigene Gedanken anschlussfähig). Die schwarzen Pfeile deuten auf die Operationen des Systems hin.

A_v bzw. B_v: Verhalten von A bzw. Verhalten von B.

⇨ : Die weißen Pfeile deuten die Wechselwirkung zwischen den Systemen an, die aus der Sicht eines Systems nur als Irritation wahrnehmbar ist. Diese Irritationen können nur dann Wirkung erzeugen, wenn sie in systemeigene Operationen übersetzt werden.

(Stingl de Vasconcelos Guedes, T., 2011)

In schwierigen Situationen gilt es insbesondere, sich selbst bestmöglich zu kennen. Bedeutsam ist es, wie ich bestimmte Gegebenheiten oder auch Interaktionen wahrnehme. Für mein Gehirn sind die eintreffenden Reize aus der Umwelt die einzige Verbindung zur Außenwelt. Diese Reize werden im Gehirn bewertet und lösen so Emotionen, subjektiv innere Denkprozesse und ggf. im Außen wirkende Handlungen aus. Dabei aktiviert jedes Gehirn auch bisher gemachte Erfahrungen (Langzeitgedächtnis). Ein individuelles Einschätzen und Handeln erfolgt.

Im nächsten Kapitel heißt das Thema daher „Wahrnehmen". Das Thema wird aus sich ergänzenden Perspektiven, mehrfach beleuchtet, was Wiederholungen einzelner Aspekte einschließt. Es ist eines der zentralen Themen hinsichtlich sowohl des Umgangs mit uns selbst (Selbstmanagement), als auch unseres Verstehens und Handelns bzw. in der Art der Interaktionsweise im Außen (Situation bzw. Welt) ist.

3 Wahrnehmen - individueller Konstruktionsprozess

In Lexika finden sich Beschreibungen von „wahrnehmen“, nämlich durch Sinnesorgane aufnehmen: Sehen, Hören, Riechen, Schmecken und Fühlen. Also wieder konkrete Ausformungen. Offensichtlich sind die konkreten Meldungen der Sinnesorgane ans Gehirn fürs Wahrnehmen mit entscheidend. „Ein wichtiger Punkt ist, dass wir über Wahrnehmungen zu Informationen über die Außenwelt kommen, indem wir sehen, hören, riechen, schmecken und fühlen, was sich um uns herum befindet, was um uns herum der Fall ist und was um uns herum geschieht.“ (Saller)
Das Wort „wahrnehmbar“ wird meist dann verwendet, wenn z.B. etwas „kaum mehr wahrnehmbar“ oder „gut wahrnehmbar“ ist. Das Wort „wahrnehmbar“ wird meist im Zusammenhang mit der Grenze des noch Erkennbaren oder eindeutig, klar Erkennbaren verwendet. Auch wird das Wort „wahrnehmen“ über all dort verwendet, wofür wir Menschen keine Sinne haben, z.B. Ultraschalltöne von Fledermäusen, radioaktive Strahlung, Funkwellen. Auch wird „das Wort ´wahrnehmen´ da gebraucht, wo die Bestimmung des genauen Sinnes – die Art und Weise, in der die Information gewonnen wurde offen bleiben kann.“ (Saller) Alle Sinne sind beim ´Wahrnehmen´ eingeschlossen: Wir Menschen kommen nur über die von den Sinnen gelieferten Informationen i.d.R. zum Wissen, sowie zu Überzeugungen über die uns umgebende Welt.

3.1 Wahrnehmen - gewinnen von Überzeugungen

Das Wahrnehmen hat nach Saller „für das Bilden von Überzeugungen über die Welt eine ganz besondere und grundlegende Funktion.“ Sie ist sozusagen „unser Tor zur Welt“ und damit auch zum Aufbau bzw. Gewinnen von Erfahrungen und damit zum Lernen. Aufgrund von Lernen kann die Überzeugung gewonnen werden, dass ich z.B. einen bestimmten Gegenstand besitze und wo ich ihn abgelegt habe; ebenso, dass die Planeten kugelähnlich sind und um die Sonne kreisen, sowie Teile einer Galaxie sind. [...] Dies sind offensichtlich Fälle, in welchen Wissen über die Welt erworben wird oder man zu Überzeugungen über die Welt gelangt und dies nicht durch Wahrnehmung bzw. nicht direkt durch Wahrnehmung." (Saller)

Wahrnehmen oder Wahrnehmung zeichnen sich dadurch aus, dass sie „es uns in gewisser Weise auch in Isolation ermöglichen, zu Überzeugungen zu gelangen. [...] Die Besonderheit auf die ich hinweisen möchte, ist einzig, dass in der konkreten Situation keine speziellen weiteren Überzeugungen und keine weitere Personen involviert zu sein brauchen, damit ich mittels der Wahrnehmung zu einer Überzeugung über die Welt gelange." (Saller) Dabei hat das Wahrnehmen eine besondere Stellung für das Erwerben von Überzeugungen: Wahrnehmen erscheint grundlegend, um Wissen und Überzeugungen über die Welt zu gewinnen; denn auch ein Wissen, z.B. vom Hörensagen oder erschlossenes Wissen benötigen Überzeugungen, die aus der Wahrnehmung stammen. (siehe Saller) Voraussetzungen für ein konkretes Erschließen sind oft Überzeugungen, die durch Wahrnehmen gelernt wurden. Liegt z.B. eine Vielzahl von Dingen mit gemeinsamen Merkmalen vor, zu denen ich keine Überzeugung habe, so kann ich doch sagen, dass ich sie gesehen habe, weil „sie sichtbare Teile oder Elemente eines größeren Ganzen sind, worüber ich durch Wahrnehmung zu einer Überzeugung gelangte." (Saller)

Bei vielen, oft praktizierten Handlungen entwickeln Menschen Automatismen, die sie ohne Nachdenken oder bewusstes Hören oder Sehen situationsgerecht handeln lassen. „Damit wir von jemandem sagen können, er habe eine Überzeugung aufgrund dessen, was er oder sie gesehen oder gehört hat, reicht es, wenn sich die Person so verhält, dass wir annehmen, sie habe diese Überzeugung, dass sich ihr Verhalten mit dieser Überzeugung gut erklären lässt. Dies ist in diesen Fällen der unbewussten Wahrnehmung der Fall (blindsight)." (Saller)

Im menschlichen Miteinander kommt der sprachlichen Interaktion erhöhte Bedeutung zu, sodass z.B. auch ´Wissen´ erworben wird, das auf Hörensagen beruht, d.h. auf der Wahrnehmung anderer Menschen. Bei aus Hörensagen gewonnenen Überzeugungen können i.d.R. die Situation und die Gründe als Wahrnehmung benannt werden (z.B. tatsächlich Gesehenes oder Plausibilitätsgründe).

3.1.1 Welt des Subjekts und Umwelt

Der Begriff „Welt"; Welt des Subjekts und Umwelt, muss präzisiert werden: Es gibt einen Unterschied von wahrnehmendem Subjekt und

der dieses umgebenden Welt. „Wahrnehmung ist eine Weise zu Überzeugungen über öffentlich Beobachtbares zu gelangen, die jeder wahrnehmungsfähigen Person in gleicher Weise zu Verfügung steht (faktische Wahrnehmung). [...] Bei einer Wahrnehmung gelange ich direkt zu Überzeugungen über die Welt, nicht erst über eine wie immer geartete Schlussweise.“ (siehe Saller)
Der Begriff „Wahrnehmung“ schließt Illusionen und Halluzinationen aus, u.a., da hier keine Sinnesorgane involviert sind bzw. kein Zusammenspiel der Sinnesorgane stattfindet: Wahrnehmen ist etwas Körperliches und steht in einem kausalen Zusammenhang zur wahrnehmenden Person. (nach Saller)
Sinnesorgane werden meist von ihrer Funktion her bestimmt, was auf Augen und Ohren voll zutrifft. Beim Riechen (Nase) oder Schmecken (Zunge) sowie Tasten (Haut) ist der jeweilige Sinn in eine andere Funktion eingebettet. Beim Unterscheiden verschiedener Sinne steht in erster Linie der physikalische Teil des Wahrnehmungsvorgangs im Vordergrund. Die Art und Weise wie die Wahrnehmung physikalisch zu Stande kommt lässt offen, was wahrgenommen wird, ob dies eine Eigenschaft, eine Tatsache, ein Ereignis oder ein materieller Gegenstand ist. Der Blick auf die Sinne ist deshalb interessant, da wir nur so eine Vorstellung davon erhalten können, welche Informationen die wahrnehmende Person über ihre Umwelt hat.
Wahrnehmen umfasst alle mit den Sinnesorganen aufgenommenen nervlichen Reize, d.h. gesehene Dinge, gehörte Töne mit Wirkungen von Obertönen, gerochene Düfte und mit Hautnerven ertastete Dinge mit ihren jeweiligen Eigenschaften. Jedoch gibt es Dinge, z.B. das Sonnenlicht, das erst einen Gegenstand für die Augen sichtbar macht oder die Luft, die einen Ballon schweben lässt, die zwar kausal für eine Wahrnehmung sind, jedoch i.d.R. nicht (direkt) wahrgenommen werden. Will heißen, es gibt reale Dinge, die nur unter besonderen Voraussetzungen unserer Wahrnehmung zugänglich sind.

3.1.2 Was nehmen wir wahr? - Wahrnehmungseindrücke

„In derselben Weise, wie sich z.B. auditive Eindrücke in Abhängigkeit von einem faktiv aufgefassten Hören verstehen lassen, lassen sich auch Wahrnehmungseindrücke in Abhängigkeit von einem faktiven Verständnis von Wahrnehmen verstehen. [...] Auch wenn es Wahrnehmung ohne die Möglichkeit zur Täuschung nicht gibt, so ist es doch die

Wahrnehmung, die den Standard vorgibt in diesem Gespann. [...] Ein Wahrnehmungsfall und ein Täuschungsfall teilen mindestens etwas, nämlich, dass das Subjekt dabei ein Erlebnis hat, das sich aus seiner Perspektive nicht vom Erlebnis im Wahrnehmungsfall unterscheidet." (Saller) Am Beispiel des Hörens von Geräuschen fragt Saller, ob wir dabei auch andere Dinge hören', z.B. das, was das Geräusch verursacht; die Art des Raums, in dem wir das Geräusch hören, die Richtung und Entfernung aus der das Geräusch kommt? Geräusche sind gekennzeichnet durch Beginn, Andauern und Ende. In der Literatur werden Geräusche ähnlich wie Individuen benannt, denen Eigenschaften zugeschrieben werden: Sie entstehen i.d.R. durch Veränderungen an Gegenständen, z.B. Zerbrechen eines Tellers nach dem Runterfallen, oder involvierten Ereignissen, z.B. Anschlagen des Klöppels an der Glocke, lauteres Sprechen aufgrund eines Verhaltens. Für verschiedene Autoren löst das Hören eines Geräuschs Vorstellungen oder Assoziationen aufgrund von damit verbundenen Erfahrungen und damit Empfindungen aus.

Zwischenfazit: Wahrnehmungen sind konkrete, beschreib- und benennbare Dinge, die wir durch das Zusammenspiel unserer Sinne gewinnen. Wir gelangen so zu Überzeugungen über die uns umgebende Welt durch Wahrnehmungen und dies auch ohne Mitmenschen oder weitere Überzeugungen. Das heißt „Wahrnehmen ist hinreichend dafür, eine Überzeugung über die Welt zu bilden." (Saller) Dazu müssen die Wahrnehmungen durch unsere Sinne auf zuverlässigen Grundlagen oder realen Gegebenheiten beruhen, sodass wir den Ursprung der Wahrnehmung benennen können. Wahrnehmung ist von Empfindung zu unterscheiden. Eine Empfindung ist keine Informationsquelle z.B. über äußere Dinge oder Gegenstände.

Nehmen Sinne etwas wahr, zu dem ich bisher keine Überzeugung habe, so umschreibe ich dies unter Zuhilfenahme bisheriger Überzeugungen, z.B. sehe ich zum ersten Mal ein Zebra und kenne bisher nur Pferde und Esel, so werde ich an dem unbekannten Tier Zebra die Merkmale wahrnehmen und benennen können, die ich von Pferd oder Esel kenne und das schwarz-weiß gestreifte Fell auch so beschreiben. Danach kann ich z.B. durch Hörensagen oder durch Nachschlagen in einem Bestimmungsbuch die Überzeugung und den Begriff Zebra gewinnen. Bekäme ich keine sonstigen Informationen zum realen Tier Zebra, könnte ich die Überzeugung, z.B. 'gestreifter großer Esel' für mich festlegen.

„Zu welchen Überzeugungen jemand dank einer Wahrnehmung gelangt, hängt unter anderem ab von seinem Vorwissen, seinen begrifflichen Fähigkeiten und davon, worauf er seine Aufmerksamkeit richtet. [...] So wie verschiedene Faktoren der Situation eine Rolle dafür spielen, zu was für Überzeugungen die wahrnehmende Person gelangt, können verschiedene Faktoren, wie zum Beispiel bereits vorhandene Überzeugungen, dazu führen, dass eine Wahrnehmung zu einer neuen Überzeugung oder gar keiner (neuen) Überzeugung führt." (Saller)
Das Unterscheiden von Wahrnehmung und Empfindung ist wichtig, um zu Lernen, nur auf konkret gegebene Fakten zu achten und allein diese festzuhalten. Dies ist besonders wichtig für Protokolle oder Beobachtungen z.B. bei Interaktionen von Menschen, aus denen ggf. Handlungsbedarfe abgeleitet werden sollen.

3.1.3 Wahrnehmung, ein individueller Konstruktionsprozess

Neurobiologische und psychologische Erkenntnisse kommen zu dem Schluss, dass Wahrnehmen und die darauf aufbauenden Funktionen wie Schlussfolgern, Erkennen und Wissen stark von individuellen und sozial gelernten Konstruktionsprozessen beeinflusst wird. Die von jedem Menschen über Wahrnehmungsprozesse erfahrene bzw. vermittelte Wirklichkeit ist das Ergebnis von Verarbeitungsprozessen unseres individuellen Gehirns. Damit sind auch Erkennen und Wissen subjektiv gefärbte und keinesfalls voraussetzungsfreie Zugänge zur Wirklichkeit und damit kein reales Abbild derselben. Dies zu wissen ist insbesondere in eigenen Problemlagen, belastenden bzw. stressbehafteten Situationen wichtig; denn damit wird es möglich uns selber angemessener in psychischer Sicht zu positionieren. Es wird möglich, eine belastende Situation vermehrt als Herausforderung oder gar Chance zu empfinden und Lösungen in einem Lösungskorridor zu suchen, anstatt sich scheuklappenartig z.B. an nur einer Methode oder einem Vorgehen „festzubeißen". So gelingt jedem / jeder von uns zunehmend ein stimmigeres Selbstmanagement und damit mehr innere Freiheit, Humor mit uns selbst sowie innere Ruhe bzw. Gelassenheit. - Wesentliche Gesichtspunkte zu eigener Wahrnehmung seien daher ggf. mit anderen Worten nochmals benannt:
Dieser Gegebenheit geht der konstruktivistische Ansatz nach, nämlich dass unser Gehirn nur über die Sinne und den diesen zugeordneten

Organen sowie deren neuronale Verbindungen die Wirklichkeit wahrnehmen und gemäß gehirninterner Strukturen verarbeiten kann. Der Konstruktivismus ist eine überfachliche Denkrichtung, die jeglichen Dogmatismus sowie überzeitliche absolute und endgültige Wahrheiten ablehnt und Erkenntnis jeweils rückbezieht auf den Entstehungsprozess, d.h. auf die Erkennenden und deren Kontexte sowie Intentionen. Er ist eine Erkenntnistheorie, die versucht, die Frage nach dem Entstehen von Wissen zu beantworten.
Der radikale Konstruktivismus gründet seine Ideen auf der Beobachtung der Wahrnehmungsverarbeitung im menschlichen Gehirn. Aus dieser strengen Sicht ist das Gehirn weder darauf ausgerichtet noch in der Lage, die Welt in ihrer ureigentlichen Gestalt zu erkennen. Die Schnittstelle zur Außenwelt sind unsere Sinnesorgane. Gemäß Aufbau und Auflösungsbreite jeden Sinnesorgans findet hier schon eine Ereignisselektion statt. Werden wahrgenommene Ereignisse ans Gehirn weitergeleitet, so müssen diese ´übersetzt´ werden: Die neuronalen Impulse werden interpretiert und in Begriffe gefasst. Diese Interpretation ist wiederum von subjektiven Erfahrungen abhängig.
Die ‚Aneignung' von Wissen über die Welt stellt eine individuelle, sozial geprägte, sowie aktive, kreative Tätigkeit dar. Wir machen uns die Welt ‚zu eigen', indem wir sie aufgrund subjektiver, interner Kriterien konstruieren. Vorstellungen von und Erfahrungen mit der uns umgebenden Welt gehen auf Wahrnehmungen und deren Interpretation zurück. Damit ist die Frage nach einer wahrnehmungsunabhängigen, einer objektiven Realität und der erlebten Wirklichkeit unbeantwortbar, da unsere Wahrnehmung mit all ihren Begrenzungen unser einziger Zugang zum Original, der Realität bzw. Welt ist. Schon Einstein sagte, dass Theorien nicht direkt auf Beobachtungen beruhen, sondern dass Theorien bestimmen, was wir beobachten können (in Pökensen). „Die Erfahrung handelt von dem, was man zu einem bestimmten Zeitpunkt als wahrnehmbares Geschehen erfährt und genau in diesem Moment unterscheidet." (Maturana/Pörksen) Jedes Beobachten und damit verbundene Erkennen unterliegt damit der „Aufhebung der Subjekt-Objekt-Spaltung" (Pörksen) und bedingt das Verabschieden vom Anspruch auf Objektivität.
Mit dem Hinweis auf „die Relativität eigener Wirklichkeitskonstruktionen, geschichtet aus individuellen Erfahrungen und verortet in einem spezifischen sozialen und kulturellen Umfeld, hebt und

verstärkt sich die Verantwortung für die eigenen Denk- und Handlungsweisen ." (siehe King)
Dies ist kein Widerspruch zum im vorausgegangenen Teilkapitel Gesagten: Entscheidend ist, dass Überzeugungen auf von den Sinnesorganen faktisch Wahrgenommenem und von dort her auch Beschreibbarem beruhen, sollen sie einem Abbild der Wirklichkeit nahe kommen. Dies schließt ´Täuschungen´ bzw. ´Nichterkennen´, nämlich eine vorhandene Subjektivität mit ein. Für Schlussfolgerungen daraus, z.B. mit Blick auf Bewertungen, Beurteilungen oder jedwede Handlungsfolgerungen ist entscheidend, sich dieser Begrenzungen bewusst zu sein und daraus angemessene Konsequenzen zu ziehen.

3.1.3.1 Unser Gehirn und ´Wirklichkeit´

Schon Immanuel Kant (1724-1804) hat mit seiner kopernikanischen Wende postuliert, dass es uns nicht möglich sei, die objektive Natur der Gegenstände zu erkennen, da wir sie erst durch unsere Betrachtung konstituieren. Erkennen wird also schon bei Kant durch den Akt des Wahrnehmens zu einem Erzeugen. Damit kommen Wahrnehmen und Erkenntnis (Überzeugungen) allein durch Beobachten zustande, was heißt, „Realität" ist eine subjektive Sichtweise und damit an die beobachtende Person gebunden. Es gibt im Konstruktivismus keine unabhängige Wahrheit, die sich entdecken ließe! Konstruktionsprozesse dienen dazu, sich der tatsächlichen Realität (Wirklichkeit) anzunähern, um individuell handlungsfähig zu sein bzw. zu bleiben.
„Niemand vermag einen privilegierten Zugang zu einer externen Wirklichkeit oder Wahrheit zu beanspruchen." (H. Maturana in Maturana/Pörksen 2002)
Grundsätzlich haben alle Menschen aufgrund des ähnlichen organischen Aufbaus der Sinnesorgane bzw. des Nervensystems gleiche Möglichkeiten des Wahrnehmens. Zugleich bewirken jedoch erfahrene Umweltgegebenheiten durch ein Ausdifferenzieren des Wahrgenommenen, dass Vergleiche und Bewertungen zu einem Unterscheiden im Wahrnehmen führen. Das Kriterium für solche Unterscheidungen ist, dass sie im jeweiligen Umweltkontext und damit Erfahrungsbereich als sinnvoll erlebt bzw. erkannt werden und somit für das Ausrichten des individuellen Lebens bedeutsam sind. Das will heißen, dass auch subjektive oder intersubjektive Erfahrungen mit der dabei vorgenom-

menen Bedeutungszuschreibung das je individuelle Wahrnehmen stark beeinflussen. „Unterschiedliche Lebens- und Erfahrungsbereiche führen zu unterschiedlich differenzierter Wahrnehmung und bringen demnach auch verschiedene Unterscheidungen und Begriffe hervor.“ (King) Es hängt vollständig von der Struktur des/der Beobachtenden bzw. Wahrnehmenden ab, wie die physikalische oder soziale Welt in „Objekte“ und „Ereignisse“ eingeteilt wird.

Wiederholte Beobachtungen bzw. Erfahrungen sind Bausteine für erlebte Wirklichkeit, die wiederum Bedeutungen und Begriffsbildung maßgeblich beeinflussen. Im individuellen, sozialraum- oder umweltbezogenen Konstruktionsprozess ist neben der Konsistenz der aktuellen Wahrnehmung mit früheren Erfahrungen, dass auch eine Konsistenz bezüglich der durch betreffende Sinnesorgane hinsichtlich eines Ereignisses besteht. Diese Konstruktionsprozesse finden ohne unser bewusstes Zutun bzw. ohne bewusste Möglichkeiten der Einflussnahme (Verstand oder Bewusstsein) in unserem Gehirn statt. Für unser Gehirn sind bei allen es erreichenden Sinneseindrücke, deren Verarbeitung sowie Einordnung die Gangbarkeit, Brauchbarkeit oder Durchhaltbarkeit die entscheidenden Aspekte. Es entscheidet in seiner Vorgehensweise nach dem Prinzip des ′Wahr′ ist, was sich ′bewährt′. In der Literatur findet sich hierzu der Begriff der Valiabilität, was etwas frei formuliert als Anpassung oder Anpassungsbereitschaft mit dem Ziel des existentiellen Durchkommens bzw. Überlebens bezeichnet werden kann.

Unser Gehirn ist ein Organ, das unseren Organismus und damit unser Leben sichern will und ist begierig auf Informationen, die es in diesem Zusammenhang sammeln, kategorisieren und im Langzeitgedächtnis abspeichern kann. Da jeder Mensch evolutionär grundlegend ein auf Gemeinschaft angelegtes Wesen ist, findet auch ein Konstruieren der Wirklichkeit im Gemeinsamsein statt, oder wie Martin Buber sagt: „Der Mensch wird am Du zum Ich.“ Das bedeutet konkret, dass Interaktionen mit anderen Menschen auf mich zurückwirken in der Weise, wie ich das interaktionelle Wir erfahre. Das essentielle Bedürfnis des Suchens und Findens von Gemeinsamsein, und dessen lebenswichtige Bedeutung zeigt sich insbesondere bei Kleinkindern: „Untersuchungen von Kleinkindern zeigen, dass die ersten kindlichen Handlungen nicht primär darauf abzielen, die eigene Persönlichkeit zu festigen, sondern konstant dazu dienen, eine Beziehung zu anderen Menschen aufzubauen. Man bildet das eigene Selbst in dem Maße aus, in dem andere Menschen bereits ein solches Ich oder Selbst ausgebildet haben; die Spiegelung im anderen macht das Bewusstsein dieses anderen zum eigenen Bewusstsein. [...] Es existiert eine wechselseitige Bestimmung; man kann nicht sagen, wer oder was am Anfang stand." (in Pörksen)

Das Wirkungsdreieck der Themenzentrierten Interaktion zeigt die wesentliche Bedeutung der Wechselbezogenheit von Ich und Wir mit Blick auf ein Thema, das Es, sowie diejenige der alles umfassenden, wahrgenommenen Wirklichkeit, den Globe an. Sei dies z.B. bei einem gezielt reflektierten Arbeiten mit mir selbst (z.B. optimal Wissen anwenden, bzw. Neues Erlernen, Erproben und Training), beispielsweise in einem spezifischen Umfeld und/oder einer bestimmten Aufgabe, oder in pädagogischen Arbeitsfeldern, entweder als Mitglied oder in Leitungsfunktion.

Damit wird der konstruktivistische Ansatz um das integrative Moment erweitert zum ´integrativen Konstruktivismus´, in dem ein prozessuales Sozialbezogensein jeder Wirklichkeitskonstruktion integriert wird. Reich benennt drei Elemente der Wirklichkeitskonstruktion:

- „Die Konstruktion, als Basis allen Lernens, d.h. Sinnstrukturen müssen immer selbst aufgebaut werden;
- die Rekonstruktion, als aktive Übernahme bereits vorhandener Konstruktionen von anderen, d.h., wir sind immer schon eingebunden in eine soziokulturelle Gemeinschaft, was sich auf unsere Konstruktionen (= aktive Rekonstruktion) auswirkt;
- die Dekonstruktion, als Potential kritischer Neuorientierungen, d.h., es könnte auch anders sein; Dekonstruktion setzt weitere, nicht bedachte Perspektiven von Konstruktionen frei. Dekonstruktion wird meist durch Störung bisheriger Konstruktionen ausgelöst und führt zu Abwandlung, Erweiterung oder neuer Konstruktion, was eine Parallele zu Piaget`s Begriff der Akkomodation nahelegt." (siehe Reich, 2008)

3.1.3.2 Neurobiologische und systemtheoretische Ansätze zur Konstruktivität

„Es scheint, dass die menschliche Vernunft die Formen erst selbstständig konstruieren muss, ehe wir sie in den Dingen nachweisen können." (Albert Einstein)

Der radikale Konstruktivismus kann als eine biologische Theorie des Wissens bezeichnet werden, der sein Hauptaugenmerk auf die Funktionsweise von Nervenzellen und deren Reizverarbeitung richtet. „Jede Wahrnehmung verursacht eine Entladung der Nervenzellen, die verschieden stark ausfällt, je nach Intensität des Reizes. Das Gehirn empfängt ausschließlich, wie viel Erregung an einer bestimmten Stelle des Körpers stattfindet, aber nicht in welcher Form, beziehungsweise, was sie hervorruft oder verursacht." (Stachura) Ein wesentlicher Aspekt ist das Autopoiesekonzept, das besagt, dass das Nervensystem ein funktionales Netzwerk aus interagierenden Neuronen ist und sich nur auf sich selbst bezieht (nach Maturana). Jedoch wird auch im radikalen Konstruktivismus deutlich, dass jedes Individuum in einen sozialen Kontext eingebettet ist und für sein Denken und Handeln verantwortlich ist.

Dem neurobiologischen Konstruktivismus liegen drei Hauptthesen zugrunde:

1. Das Gehirn und nicht unser bewusstes Ich ist Konstrukteur unserer Wirklichkeit.
2. Das Gehirn erschafft einen virtuellen Akteur, nämlich das Ich, um die Komplexität der Erlebniswelt zu erzeugen.
3. Der Mensch ist ein soziales Wesen aufgrund seiner biologischen Dispositionen, die Gesellschaft sein natürlicher Lebensraum. (siehe Stachura)

Der neurobiologische Konstruktivismus richtet sein Hauptaugenmerk auf die Art und Weise der Kooperation, d.h. des Zusammenwirkens der etwa hundert Milliarden Nervenzellen in und zwischen den verschiedenen Zentren des Gehirns. Dabei ist die einzige Grenze der Konstruktivität die eigene biologische Disposition, eine Voraussetzung für jeden Verarbeitungsprozess. „Erfahrungen der Neurobiologie sollen dazu beitragen, Motivationen und Anlässe menschlichen Handels zu erklären oder Gedankenkonstrukte wie Einstellungen, oder auch Emotionen aufzuschlüsseln. Der neurobiologische Konstruktivismus sieht unser Gehirn als ein pragmatisch orientiertes Organ, welches dem Menschen hilft, biologisch sowie sozial lebensfähig zu sein." (Stachura)
Im Folgenden werden die Begriffe ´Erlebniswelt´ und ´Wirklichkeit´ synonym verwendet.

Nach Roth besteht beim Menschen ein Wirkungszusammenhang zwischen Geistigem und Materiellem. Neuere Kenntnisse der Hirnforschung untermauern das Unterscheiden von Bewusstem und Unbewusstem auch aus naturwissenschaftlichem Blick. Klar getrennt werden die Begriffe ´Wirklichkeit´ und ´Realität´. Wirklichkeit entsteht durch subjektive und phänomenale, d.h individuelle Verarbeitungsprozesse und erzeugt eine Erlebniswelt. Die Realität ist ein bewußtseinsunabhängiger, transphänomenaler Bereich, der sich aber nur aus unserer Wirklichkeit heraus bestimmen lässt und der deshalb nicht mit objektiver Wirklichkeit verwechselt werden darf (nach Roth). Auch im wissenschaftlichen Bereich kann nach Roth zwar von gesichertem Wissen, jedoch nicht von Objektivität gesprochen werden. „Obwohl erkenntnistheoretisch die Realität vollkommen unzugänglich ist, muss ich erstens ihre Existenz annehmen, um nicht in elementare Widersprüche zu geraten, und zweitens kann mir niemand verbieten, mir Gedanken über die Beschaffenheit der Realität zu machen, und zwar zu dem Zweck, die Phänomene in meiner Wirklichkeit besser erklären zu können. Ich darf nur keine objektive Gültigkeit hierfür beanspruchen; vielmehr unterstreiche ich den praktischen Wert meiner Theorie." (Roth)

Jedes Gehirn konstruiert aufgrund seiner Wahrnehmungen demnach seine Wirklichkeit aufgrund individueller Dispositionen selbst. Dies geschieht nicht willkürlich und ist bei den meisten Menschen aufgrund des Nutzens der entsprechenden Sinnesorgane ähnlich. Jedoch sind im individuellen Kontext interpretiert die Perspektiven und Ansichten verschieden. Jedes im Gehirn erschaffene ´Ich´ steht im Zentrum unserer subjektiv wahrgenommenen Wirklichkeit. Die menschliche Erlebniswelt besteht aus den drei Bereichen ´Ich´, der Körper und die äußere Welt. „Das Ich beinhaltet alle geistigen Vorstellungen: Alles was passiert, was ich denke und wie ich handle, wird am Ich erfahren. Die Welt oder Außenwelt besteht aus belebtem und unbelebtem in meiner Umwelt. Wie stellt sich mir die Welt dar? Was sehe, höre, rieche und schmecke ich? Diese Welt wird von uns als ein in sich abgeschlossenes System wahrgenommen." (Roth) Der Körper wird vom Gehirn durch sensorische Rückkopplungen (Signale der Sinnesorgane) immer wahrgenommen und stellt eine Art Syntheseleistung dar zwischen Außenwelt und Ich. Das Wahrnehmen, durch unser Gehirn und die Sinnesorgane bestimmt, ist gemäß dem neurobiologischen Konstruktivismus selektiv und zweckbestimmt, jedoch ein aktiver Prozess. „Wir können zwar den Prozess der Wahrnehmung beeinflussen, indem wir die Aufmerksamkeit versuchen zu dirigieren, aber wir vermögen nur bis zu einem gewissen Grad zu bestimmen, welche Phänomene der Welt wir bewusst wahrnehmen werden und welche nicht." (Stachura)

Welzer erweitert die neurobiologischen um sozialpsychologische Ansätze und entwickelt einen biopsychosozialen Ansatz, der es erlaubt, das menschliche Denken und Handeln umfassender zu sehen. Dies u.a. dadurch, dass „sich das menschliche Selbstverständnis durch Interaktion mit anderen manifestiert. Dadurch entstehen individuelle Gedächtnisinhalte durch soziale Komponenten" (siehe Welzer).

Die Art unseres Selbst- und Weltbildes wird entscheidend durch das menschliche Gedächtnis geprägt. Das Gedächtnis ist eine zentrale Funktion des Gehirns. Es kommuniziert nach Erkenntnissen der Neurobiologie in erster Linie mit sich selbst. Unsere Erlebniswelt ist weitgehend bestimmt durch Gedächtnisprodukte, d.h. durch Emotionen und Erfahrungen (nach Roth). So werden z.B. alle in Lernprozessen auftretenden Emotionen und Erfahrungen, ob positiv oder belastend zusammen wahrgenommen im Gedächtnis abgespeichert. Dieses Abspeichern im Langzeitgedächtnis ist ein aktiver, unbewusster Vernetzungsvorgang gemäß der strukturellen Arbeitsweisen im Gehirn. So wird jede im Gehirn ankommende Wahrnehmung in ein schon existentes Geflecht von Nervenbahnen eingegliedert, oder diese werden durch neue Eindrücke verändernd angepasst. Neue Eindrücke, sollen so zu Wissen werden. Sie verlangen das Anknüpfen bzw. einen Anschluss an bestehende Kontexte, da sie sonst vom Gehirn unzuordenbar sind und ´vergessen´ werden.

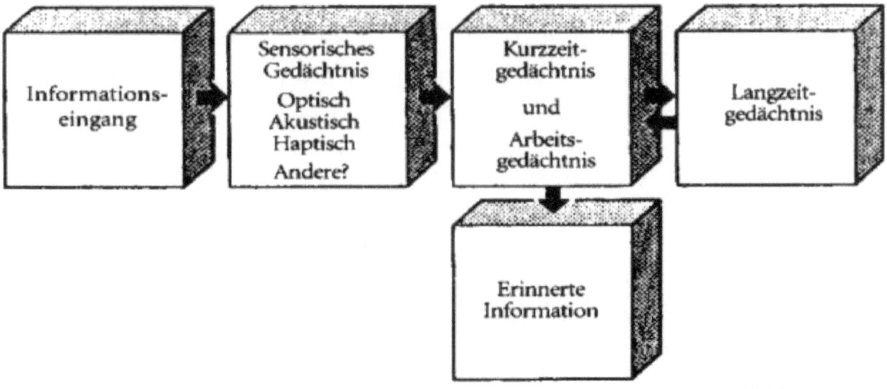

(Edelmann)

Aus dem oben Benannten wird deutlich, dass in schwierigen Situationen sowohl für das eigene Denken und Handeln als auch insbesondere beim Zusammentreffen von Personen die Fähigkeit zu systemischem Denken hilfreich ist.

4 Resilienz aufbauen, fördern und trainieren

Resilienz ist ein individuelles Phänomen, das auf wechselseitig wirkenden Faktoren beruht. Hierbei können situative Risikofaktoren in einer anderen Situation zu Schutzfaktoren werden und umgekehrt. Die eigene Wahrnehmung sollte jeder Mensch in erster Linie auf die aktuell wirkenden Schutzfaktoren richten. Ein hilfreiches und wichtiges Moment dabei ist die Fähigkeit systemisch zu denken.

4.1 Systemisches Denken

Steht ein Mensch vor einer schwierigen Situation oder Aufgabenstellung, so setzt er zunächst meist lineare Erklärungs- oder Lösungsstrategien ein. Dies ist bei komplexen Fragestellungen unangemessen und führt „in eine Sackgasse". Systemisches Denken will eine Problemstellung über das Betrachten oder Beobachten der verschiedenen in der jeweiligen Sitation wirkenden Zusammenhänge erschließen. In schwierigen Situationen wirken meist nicht nur Sachzusammenhänge, sondern auch zwischenmenschliche Gegebenheiten. Vor allem in psychologisch-pädagogischen Bereichen sind individuelle Belastungen und schwierige Situationen in komplexe Sachverhalte oder Systeme eingebettet. Dort würde ein rein analytisches Vorgehen hinsichtlich möglicher Handlungs- oder Lösungsansätze scheitern; denn ein System ist mehr als die Summe seiner Einzelteile (vgl. Arndt, 2017).

„Ein System ist nicht ein Etwas, das dem Beobachter präsentiert wird, es ist ein Etwas, das von ihm erkannt wird." (Maturana, 1994) Notwendig für die Konstruktion bzw. das Erkennen eines Systems ist deshalb immer ein Beobachter, der auch Teil des Systems sein kann. Beim ´Erkennen´ wirken bereits bestehende Wirklichkeitskonstruktionen mit. Diese steuern die Wahrnehmung in Form von „inneren Landkarten". Bereits

bestehende innere Landkarten werden durch neue Beobachtungen und Erfahrungen ergänzt oder überschrieben. Passen Beobachtungen zu bereits bestehenden inneren Landkarten, so werden diese verstärkt wahrgenommen, was bedeuten kann, dass potentiell verstörende Aspekte nicht ins Wahrnehmungsfeld gelangen.
Fühlt sich z.B. jemand oft als Opfer, so nimmt diese Person schon z.B. Scherze, eine lautere Stimme oder kleine Sticheleien usw. als Agression wahr: Sie attributiert solche Äußerungen und bringt dadurch sich selbst sofort in den 'Opfermodus', was entweder Resignation oder Gegenwehr auslösen kann.
Systemisches Denken will den Umgang mit Komplexität fördern. Ist die Dynamik eines System hoch, um so höher ist auch seine Komplexität. Das Denken in Systemen will es ermöglichen, komplexe Phänomene in ihrer Komplexität zu reduzieren.
Systemisches Denken umfasst nach Ossimitz (2000) vor allem vier Dimensionen:

- Vernetztes Denken: Denken in Rückkopplungskreisen;
- Dynamisches Denken: Denken in Zeitabläufen;
- Denken in Modellen: Denken in vereinfachenden Bildern;
- Systemgerechtes Handeln (vgl. Ossimitz, 2000).

Beim vernetzten Denken gilt es sowohl direkte als auch indirekte Wirkungen, sowie insbesondere Rückkopplungen zu identifizieren. Ebenso müssen Wirkungsbeziehungen erkannt und verstanden werden.
Beim dynamischen Denken sind folgende Fähigkeiten hilfreich:

a) „Erkennen und Berücksichtigen der Eigendynamik von Systemen.
b) Die Fähigkeit, zukünftige Entwicklungsmöglichkeiten zu identifizieren.
c) Erkennen der Bedeutung langfristiger Wirkungen.
d) Erkennen und Beurteilen von charakteristischen systemischen Zeitgestalten (Verzögerungen, periodische Schwingungen, verschiedene Arten von Wachstumstypen – linear, exponentiell, logistisch usw.).
e) Ein Verständnis für das gleichzeitige Ablaufen mehrerer Vorgänge in einem komplexen System.

f) Die Fähigkeit, Zeitgestalten adäquat darzustellen bzw. in Raumgestalten umzuwandeln. Solche Zeitgestalten sind etwa periodische Schwankungen oder zeitliche Verzögerungen (vgl. Ossimitz 2000).

Beim Denken in Modellen ist die je eigene Bewusstheit wichtig, dass Modelle nur bestimmte Teilausschnitte der Wirklichkeit und diese vereinfacht abbilden. Verschiedene Modelle zum gleichen Sachverhalt sind somit unterschiedliche Vereinfachungen aufgrund verschiedener Parameter. Vor Entscheidungen aufgrund eines Modells ist die Kenntnis und Analyse der diesem zugrundeliegenden Parameter entscheidend!

Zum Erlernen bzw. Erarbeiten von Fähigkeiten eines vernetzten Denkens ist sowohl das Lesen als auch vor allem das eigenständige Erstellen von logisch-bildhaften Darstellungen komplexer Sachverhalte hilfreich. Eine wichtige Herangehensweise an komplexe Sachverhalte bzw. komplexe, vernetzte Systeme ist deren grafische oder bildhafte Darstellung in Strukturbildern oder sogenannten Wirkungsnetzen und Rückkopplungsschleifen (z.B. logische Bildtypen in Wirkdiagrammen), da dadurch Einzelinformationen und ihr Kontext simultan erfassbar und Strukturen bzw. Zusammenhänge sichtbar werden. „Wirkungsdiagramme zeigen kausale Zusammenhänge zwischen Systemelementen auf, wobei z.B. ein Pfeil von der abhängigen Größe auf die unabhängige Variable zeigt.
Gleichgerichtete Korrelationen (‚je mehr x, desto mehr y' beziehungsweise ‚je weniger x, desto weniger y') werden durch ein ‚+' am Verbindungspfeil symbolisiert, während gegenläufige Wirkungsrichtungen (je mehr x, desto weniger y' beziehungsweise ‚je weniger x, desto mehr y') mit einem ‚-' gekennzeichnet werden." (Arndt, 2017)
In der Literatur finden sich zahlreiche Ansätze, in denen wie bei Ossimitz einzelne Elemente systemischen Denkens besonders herausgestellt werden. In der Zusammenschau dieser Ansätze sollten beim Lernen und Üben systemischen Denkens folgende Herangehensweisen sukzessive einbezogen werden:

- „Elemente eines Systems identifizieren und verstehen. Diese Komponente systemischen Denkens beinhaltet, einzelne Phänomene als zu einem größeren System zugehörig zu erkennen, bzw. für ein bestimmtes System relevante Elemente generieren oder identifizieren zu können.

- Grenzen identifizieren. Grenzen eines Systems zu identifizieren umfasst die Fähigkeit, ein System mit einer bestimmten Funktion von seiner Umwelt abzugrenzen und somit zu unterscheiden, welche Elemente für dieses System von Bedeutung sind und welche nicht.
- Subsysteme innerhalb eines Systems identifizieren. Diese Kompetenz beinhaltet die Fähigkeit, innerhalb eines vorgegebenen Systems kleinere, untergeordnete Systeme bestimmen zu können. So können etwa Biozönosen und Populationen als Subsysteme eines Ökosystems betrachtet werden.
- Wechselwirkungen innerhalb eines Systems identifizieren und verstehen. Zu dieser Kompetenz gehört die Fähigkeit, zu erkennen, dass einzelne Systemelemente nicht voneinander unabhängig sind, sondern über Wirkbeziehungen miteinander in Verbindung stehen. Auch die Bestimmung, welche Arten von Wirkbeziehungen zwischen Systemelementen bestehen, kann Bestandteil dieser Komponente systemischen Denkens sein.
- Dynamik identifizieren. Dynamik zu identifizieren entspricht dem Verständnis, dass Systeme nicht statisch sind, sondern sich aufgrund von Eigendynamik oder äußeren Einflüssen über die Zeit hinweg verändern können.
- Dynamische Komplexität verstehen und beurteilen. Dieser Aspekt systemischen Denkens entspricht der Fähigkeit, charakteristische systemische Zeitgestalten zu erkennen, wie beispielsweise Verzögerungen, periodische Schwingungen oder verschiedene Arten von Wachstumstypen (z.B. linear, exponentiell, logistisch) und deren Auswirkungen auf das Systemverhalten abschätzen zu können.
- Rückkopplungen und Kreisläufe in einem System identifizieren. Rückkopplungen und Kreisläufe zu identifizieren, bedeutet, in einem System feststellen zu können, dass eine Wirkung direkt oder indirekt wieder auf ihre Ursache zurückwirkt.
- Prozesse verschiedener Systemebenen verstehen. Prozesse verschiedener Systemebenen zu verstehen, bedeutet, zwischen Eigenschaften des Systems und Eigenschaften der Elemente zu unterscheiden sowie Systemstrukturen und -verhalten auf verschiedenen Hierarchieebenen betrachten und verstehen zu können.
- Funktionsweise eines Systems verstehen. Die Kompetenz, die Funktionsweise eines Systems zu verstehen, beinhaltet das umfassende Verständnis des Systemverhaltens.

- Systeme und deren Verhalten modellieren. Systemmodellierungskompetenz umfasst die Fähigkeit, Systeme und ihre Dynamik angemessen abbilden zu können.
- Perspektivendifferenzierung. Die Perspektivendifferenzierung beinhaltet das Wissen, dass sowohl innerhalb eines Interessensvertreters als auch zwischen mehreren Interessenvertretern Zielpluralität vorliegen kann.
- Erklärungen geben. Erklärungen hinsichtlich eines Systems geben zu können, entspricht der Fähigkeit, Systemzustände mit vorausgegangenen Ursachen begründen zu können.
- Prognosen treffen. Prognosen hinsichtlich eines Systems treffen zu können ist die Fähigkeit, zukünftiges Systemverhalten (aufgrund von Eigendynamik oder äußeren Einflüssen) vorhersagen zu können.
- Zielorientierte Eingriffsplanung und Systemsteuerung. Diese Komponente systemischen Denkens umfasst die Fähigkeit, Eingriffe in ein System zu planen und vorzunehmen, so dass ein bestimmtes Ziel (z.B. ein definierter Systemzustand) erreicht wird.“ (Bräutigam, 2014)

Mit Hilfe dieser Elemente systemischen Denkens lassen sich auch jeweilige Fragen erstellen, die für das weitere Herangehen an belastende Situationen hilfreich sind. - Siehe ergänzend dazu die im Teilkapitel „Eigene systemische Interventionen zur Selbstregulation“ benannten Frageweisen. -

Das Gefühl und die Erfahrungen der eigenen Handlungsfähigkeit ist wesentlich für den Aufbau und Erhalt eines realistischen Selbstwertgefühls und damit auch der Selbstsicherheit. Mittels systemischen Denkens lässt sich die eigene Handlungsfähigkeit erhöhen. Eine Herausforderung und zugleich eine Chance ist die Fähigkeit in einer gegebenen Situation aus vorhandenen Möglichkeiten eine sinnvolle Auswahl zu treffen. Aus dem systemischen Begriff „Kontingenz“ ist bekannt, dass gerade in schwierigen Situationen ein Zwang zu einem Entscheiden besteht. Zugleich entsteht durch jede Entscheidung ein Konflikt. Es gilt nämlich zwischen potentiellen Möglichkeiten im jeweiligen System zu entscheiden. - Ich muss demnach das bestehende System möglichst genau kennen.

Nach Wilke erzwingt die in der Umwelt vorhandene Komplexität mit Blick auf die Handlungsfähigkeit eine Aggregation von Umweltdaten sowie das Ausfiltern des für das System Unwesentlichen. Konflikte entstehen damit auf der Input-Seite des Systems Mensch mit der Frage: „Was ist relevant und was ist irrelevant?“ Auf der Output-Seite des Systems Mensch bewirkt die Kontingenz Konflikte mit der Frage: „Welche Handlungsmöglichkeiten sind günstig und damit vorzuziehen?“

Was beim Menschen etwa Kreativität, Phantasie oder einfach Denken und geistige Produktivität genannt wird, ist nichts anderes als die Produktion neuer Komplexität (vgl. Wilke, 1982).

Diese Zusammenhänge der Selektionen von Komplexität und Kontingenz, um Handlungsfähigkeit zu erlangen wirken insbesondere auch bei Prozessen in schwierigen Situationen. Um eine Selbstlähmung eines psychischen Systems (Mensch) zu vermeiden, gilt es eine Balance zwischen Komplexität und Kontingenz zu entwickeln. Dies gilt im übrigen auch für soziale Systeme.

Die nachfolgende Grafik verdeutlicht dies. Die Grafik zeigt modellhaft den oben genannten komplexen kognitiven Prozess in einem psychischen System. Nämlich, wie das psychische System die selegierten Daten nach den spezifischen Kriterien des Systems (Mensch) aggregiert und bearbeitet.

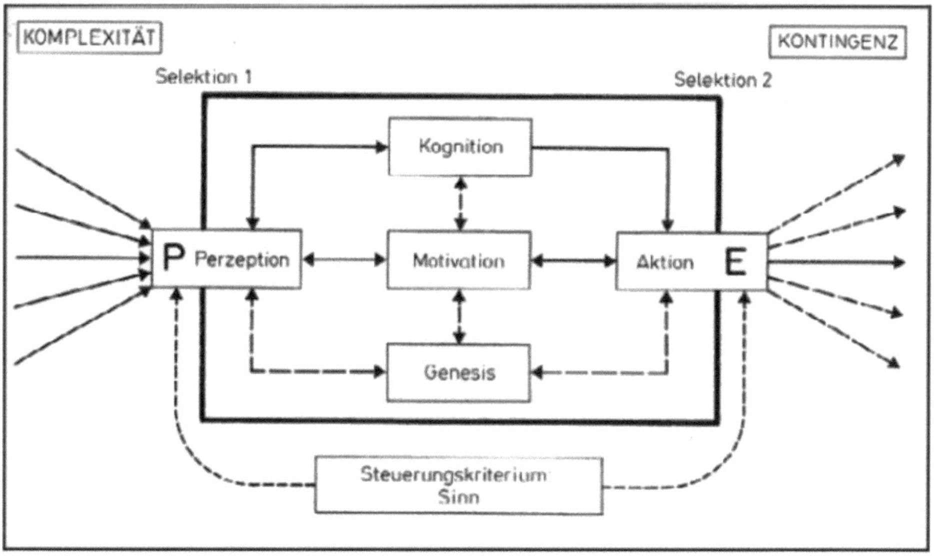

(Selektion von Komplexität und Kontingenz; Wilke 1982)

Mittlerweile gibt es auch Computerprogramme mit deren Unterstützung systemisches Denken erlernt und trainiert werden kann.

4.1.1 Haltungen und systemisches Denken

Systemisches Denken geht davon aus, dass das Verhalten eines Menschen vom jeweiligen Kontext abhängig ist (vgl. Polt / Rimser, 2006). Systemisches Denken sollte mit Heinz von Foerster insbesondere in schwierigen Situationen im pädagogischen Kontext erfolgen: „Handle stets so, dass du die Anzahl der Möglichkeiten vergrößerst." (v. Foerster, 1997) Diese Aussage beschreibt eine Ausrichtung systemischen Denkens und Handelns. Was für eine handelnde Person im pädagogischen Kontext bedeutet, dies so zu tun, dass die Freiheiten der Mitmenschen gewahrt sind / bleiben. Dies bedeutet auch, dass ein geäußerter Wille eines Menschen, ggf. nach einer Information darüber, was die Konsequenzen daraus sind, respektiert wird und dieser Mensch in für ihn verständlicher Form eine Antwort erhält. Ergänzend dazu schlagen Schlippe und Schweitzer (2013) für ein systemisch-konstruktivistisches Denken und Handeln vier ethische Grundpositionen vor:

- „Denke und handle ökologisch valide. (Oder: „Es gibt immer einen größeren Kontext.")
- Achte auf die Definitionen und Bewertungen, die du vornimmst. (Oder: „Es könnte auch alles ganz anders sein.")
- Besinne dich auf deine persönliche Verantwortung. (Oder: „Es gibt kein Richtig und Falsch, aber du bist Teil des Kontextes und alles was du tust, hat Konsequenzen!")
- Achte darauf, in respektvoller Weise Unterschiede zu schaffen. (Oder: „Füge dem Bild des/der Klienten etwas Neues hinzu.")" (Schlippe / Schweitzer, 2013) Sei z.B. einfühlsam konsequent und akzeptiere die Person, jedoch nicht das Verhalten.

Ebenso bedeutsam, da oft im alltäglichen Tun übersehen, sind die erste und die dritte ethische Grundposition von Schlippe und Schweitzer: Alles (pädagogische) Handeln ist in einen größeren Kontext eingebettet und von diesem beeinflusst. Auch die zweite Grundposition wird mit Blick auf schwierige Situationen deutlich: Es gilt Interesse und Neugier auf andere Denkwege zu erhalten, da dies erst echte Toleranz ermöglicht. Jeder Mensch, ob jung oder älter, ist grundsätzlich bzw. gemäß seines aktuellen geistigen Vermögens für sein Denken und Handeln selbst verantwortlich. Eine solche echte Toleranz zeigt sich dann im je eigenen Denken nämlich im nicht Bewerten. Echte Toleranz stellt eine hohe Anforderung an sich selbst dar hinsichtlich der je eigenen Gedanken und der Reflexion des Kontextes. Hilfreich ist hier, die eigenen Gedanken als mögliche Hypothesen zu sehen, die es zu überprüfen gilt.

Im systemischen Denken wird oft ein „sowohl - als auch“ verwendet und die Frage nach der jeweiligen „Nützlichkeit“ eines Verhaltens gestellt. Die Hypothesenbildung will einem „Richtig“ oder „Falsch“ vorbeugen, da es ja keine „richtige Hypothese“ gibt, sondern durch die Hypothesenbildung sollen die Perspektiven und Möglichkeiten gemäß dem ethischen Imperativ vermehrt werden. Palmovski sagt in diesem Zusammenhang:
„Gerade wenn ´immer wieder´ dasselbe abläuft, fördern Hypothesen mit Überraschungsgehalt das Unerwartete und Unwahrscheinliche. [...] Man sollte mit den Hypothesen, die man im Kopf hat, flirten, aber man sollte sie nicht heiraten.“ (Pavlowski, 1999)
Mit einer solchen Haltung wird z.B. in belastenden oder schwierigen Situationen die geistige Beweglichkeit erhalten; denn ein dauerhaftes Festsetzen von Gedanken, was ein „entweder - oder“ bedeutete, wird so vermieden. Auf diese Weise werden auch eher die Wirkungszusammenhänge und Wechselwirkungen (Zirkularität) im ablaufenden Prozess zwischen den (beiden) Handelnden deutlicher.
Auch die letzte Grundposition von Schippe und Schweitzer stellt eine hohe Anforderung gerade auch in schwierigen Situationen dar, da sie einfühl- und achtsames inhaltliches und persönliches Handeln insbesondere bei stattfindenden Konfrontationen oder erforderlichen Interventionen einfordert. „Ich“-Aussagen oder wie Pavlowski es ausdrückt ein „Antragen“ sind hilfreich; denn so erkennt bzw. erfühlt die andere Person i.d.R. eine Aussage eher als unterstützend und einfühlsam sowie wertschätzend und persönlich zugewandt. Dies bewirkt eher die Bereitschaft zu einem Anhören des Unterschieds. Die angesprochene Person kann so das Gesagte „Andere“ eher annehmen, überdenken und entscheiden, ob es für sie relevant oder nicht relevant ist.

Oben wurde postuliert, z.B. auch in belastenden oder schwierigen Situationen, Interesse und Neugier auf andere Denkwege zu erhalten. Nun hat im Alltagsgebrauch das Wort „Neugier“ eine zwiespältige Eigenschaft: Positiv ist „Neugier“ im Sinne von ´wissbegierig´, wohingegen „Neugier“ im Sinne von ´indiskret´ negativ wirkt. Nach Michalak (1999) beschreibt Neugier in Belastungssituationen „einen Beweggrund,

die Umwelt zu erkunden, sie zu untersuchen und mit ihr zu kommunizieren." Neugier wird im systemischen Verständnis „als eine Ressource des Umsetzenden verstanden; denn ein damit akzeptiertes Nichtwissen führt zu einem ehrlichen Interesse an der Eigenlogik des jeweiligen Systems und der Vertiefung des Dialogs und der Kooperation mit den Beteiligten." (Conrads, 2009) Neugier drückt sich z.B. in der Art und Weise des Fragens aus, nämlich in sogenannten „offenen Fragen, die vermeintliche Gewissheiten, Annahmen und Haltungen mit Respekt ansprechen." (Conrads, 2009) Damit korrespondieren die Begriffe „Neugier" und der im folgenden erläuterte Begriff der „Neutralität".
Schlippe und Schweitzer (2013) verwenden im systemischen Denken den Begriff der „Neutralität" als eine Haltung im Sinne von der Fähigkeit, eine eigene Meinung zu haben, sie jedoch nicht zwangsläufig zu äußern und, bei einem Äußern, sie nicht doktrinär vorzubringen: „Neutralität ist in erster Linie nicht eine Frage der Absicht sondern eine Frage der Wirkung.
Wenn einem Menschen, der beraten wird, hinterher unklar ist, auf wessen Seite die Beraterin mehr gestanden hat, welche der vertretenen Ideen sie favorisiert und wie sie zum Problem steht – dann hat die Beraterin sich neutral gezeigt." (Schlippe / Schweitzer) Eine solcherart praktizierte „Neutralität" umfasst dabei sowohl Empathie als auch Anteilnahme und ausgleichendes Engagement. Eine Haltung der Neutralität führt zum respektvollen Umgang mit Neugier und der moralisierenden „One-up"- Position einerseits; andererseits unterstützt die Neugier die Neutralität dergestalt, dass sie den Versuch der instruktiven Interaktion verhindert (vgl. Conrads, 2009). In analogem Sinne, kann ich z.B. in einer schwierigen oder belastenden Situation mit mir selbst umgehen:

- Ich verhalte mich neugierig und respektvoll gegenüber mir selbst.
- Ich analysiere und betrachte sowohl die Sachlage als auch den Kontext genau, in dem die jeweilige Situation oder Belastung steht.
- Ich vergewissere mich meiner gemachten Erfahrungen in ähnlichen Situationen.
- Ich vermeide strikt Selbstvorwürfe, im Sinne von „hätte ich doch".
- Ich „spreche" (siehe „Inneres Team" (Schulz von Thun)) aufmunternd mir mir selbst und bin auf die Gedanken, die mir mein Gehirn entwickelt neugierig und würdige sie.

- Ich mache bewusst Pausen. damit Obiges überhaupt geschehen kann.
- Ich verschaffe mir nach intensiven, gezielten Vorarbeiten einen Ausgleich, z.B. Bewegung in freier Natur und richte dabei meine Aufmerksamkeit auf z.B. schöne Dinge, wissend, dass mein Gehirn intensiv an meinem Problem weiter arbeitet.

Sind andere Menschen mit an der Belastung oder schwierigen Situation, die mich betrifft, einbezogen oder beteiligt, so kommt einer respektvollen Haltung diesen gegenüber eine wesentliche Bedeutung zu. Der Begriff „Respekt“ ist eine elementare Grundhaltung im systemischen Denken. Nach Michalak ist Respekt zu unterscheiden von Akzeptanz. Michalak sieht „Respekt“ dadurch gekennzeichnet, dass eine solche Haltung frei ist von Bewertungen. Sie sieht andere auf Augenhöhe, d.h. als Menschen ebenbürtig und gleichberechtigt an. Akzeptanz hingegen ist lediglich eine Haltung des Billigens, d.h. ein Hinnehmen, was nicht wertungsfrei ist. Elementar im systemischen Denken ist, dass Respekt die Grundhaltungen der Neutralität und Neugier voraussetzt!

Zusammenfassend: Acht Haltungen beim systemischen Denken

Ein systemisch denkender Mensch

- schaut auf den bestehenden Kontext in dem die Belastung bzw. schwierige Situation steht „behält den Blick aufs Ganze“;
- sucht nach Andockmöglichkeiten oder gemeinsamen Strukturen bzw. „achtet darauf, was zusammenpasst und was zusammengehört“;
- nimmt Perspektivenwechsel vor bzw, „betrachtet die Dinge aus verschiedenen Blickwinkeln“;
- beobachtet Entwicklungen bzw „findet heraus, wie Dinge und Beziehungen sich mit der Zeit ändern“;
- spielt mental verschiedene Handlungsoptionen durch bzw. „findet heraus, was Handlungen bewirken können“;
- überlegt sich, wie er/sie z.B. effizienter an das Problem herangehen könnte bzw. „sucht nach Wegen, wie das System besser arbeiten kann“;

- geht projektartig mit Betrachten von Teilergebnissen oder „Meilensteinen" zum Rückblicken und Betrachten des aktuellen Stands vor bzw. „überprüft die Wirkungen und passt wenn nötig die Handlungen an." (in: Neugebauer, B.; 2014)

4.1.2 Selbstwirksamkeit - Selbstregulierung

Dies ist die Fähigkeit, sich selbst regulieren zu können. Sie umfasst, die eigenen inneren Zustände (Gefühle, Spannungszustände) passend herzustellen und aufrechtzuerhalten ebenso wie deren Intensität und Dauer selbständig, bewusst zu beeinflussen bzw. bestmöglich kontrollieren zu können. Beispielsweise gehört dazu ein Wissen über eigene Strategien zur Beruhigung von sich selbst und mögliche Alternativen des je eigenen wirkungsvollen Handelns sowie Denk- und Handlungsstrategien.
Selbstwirksamkeit umfasst auch die Selbstwirksamkeitserwartung, d.h. die Erwartung aufgrund von Erfahrungen mit sich selbst, auf der Grundlage der eigenen Kompetenz Aufgaben erfolgreich bearbeiten, ausführen und lösen sowie so erwünschte Ergebnisse erreichen zu können.
Ein grundlegendes Vertrauen in die eigenen Fähigkeiten sowie die aus bisherigen Erfahrungen erwachsene Überzeugung ein bestimmtes Ziel auch mit Überwindung von Hindernissen erreichen zu können, das ist Selbstwirksamkeit. Erfahrungen der Selbstwirksamkeit bewirken eine höhere Selbstwertschätzung im Sinne des Akzeptierens der eigenen Person. Eine von sich selbst wertgeschätzte Person entwickelt ein realistisches Selbstmitgefühl, mithin eine erhöhte Achtsamkeit und dies gerade beim Erleben negativer Emotionen. Selbstmitgefühl umfasst z.B.:

- Freundlichkeit sich selbst gegenüber, gerade auch in belastenden Situationen bzw. bei schwierigen Erfahrungen;
- ein Gefühl der Verbundenheit mit allen Menschen;
- eine achtsame Grundhaltung.

Von großer Bedeutung sind dabei die je eigenen Erwartungen in die Wirksamkeit des Handelns. Schon ganz zu Beginn, wenn eine Belastung in Sicht ist, steuern diese Erwartungen die Herangehensweise an belastende Situationen bzw. belastende Aufgaben. So steuern Sie auch die Art und Weise der eingeleiteten und praktizierten Bewältigungsstrategien, was meistens neue Erfahrungen generiert.

Entscheidend ist das vorhandene Gefühl, Situationen unter eigenem Einsatz beeinflussen zu können.

„Durch den Gebrauch des Gehirns, also durch Wahrnehmen, Denken, Bewerten und Handeln entstehen Gebrauchsspuren, die als Gedächtnisspuren bezeichnet werden. Diese lenken Informationen in bestimmte Bahnen und „bahnen" damit mein Verhalten." Für Lernprozesse interessant ist z.B., dass „gelegentliche kleine, aber ernsthaft erfolgende Episoden der Selbstbejahung zu einer Art Dominoeffekt führen können. Das heißt, praktizierte Selbstbejahung wirkt langfristig anhaltend und verhindert eine Spirale der negativen Selbstbewertung.
Eine solche innere Haltung durchbricht die Gefahr eines belastenden Abwärtstrends von negativer Leistungen sowie daraus folgender negativer Selbsteinschätzung. Es kann – ohne großen Aufwand zu einer Aufwärtsspirale kommen, zu mehr Zuversicht, zu besseren Leistungen in der Folge zu einem besseren Selbstbild, was zu einem sich selbst verstärkenden Prozess führt. Dabei muss die Selbstbejahung nicht einmal den Bereich betreffen, um den es leistungsmäßig geht. Vielmehr ist darauf zu achten, dass sie einen Bereich betrifft, welcher der betreffenden Person wichtig ist. ... Wer sich selbst bejaht, der kann mehr leisten und wer stolz auf seine Leistung ist, hält trotz widriger Umstände länger durch. [...] Letztlich läuft dies darauf hinaus, Menschen viele und vielfältige Gelegenheiten zu geben, sich zu beweisen." (Spitzer, M.; 2010)

4.1.3 Bedeutung des Wiederholens und Übens

Lernen ist mehr als Informationsaufnahme; es ist ein individueller, bewusster und intentional aktiver Prozess. Dabei sind grundsätzlich, jedoch insbesondere in schulbezogenen Lernprozessen die Erkenntnisse der geistigen Entwicklung (siehe u.a. Erikson, Piaget) sowie solche der Entwicklungs- und Lernpsychologie relevant. (siehe u.a. Lohaus, Vierhaus; Edelmann, Wittmann)
Auch ein Verstehen bzw. Verstandenhaben eines Inhaltes oder Themas bedarf der vertiefenden Bearbeitung, damit der Inhalt im Langzeitgedächtnis gespeichert wird. Das Abrufen von Gedächtnisinhalten erfolgt in einem Rekonstruktionsprozess. Dieser verläuft sicher und schnell, wenn die aufgebauten Schemata des Langzeitgedächtnisses durch ein häufiges Abrufen und Wiedereinspeichern,

einem sogenannten Re-Encodieren, vielfach vernetzt verfügbar gehalten werden.
Dies bedeutet zweierlei:

a) **Wiederholung:** Neu erworbenes Wissen muss bewusst, d.h. systematisch - und am besten über das Maß des sicheren Beherrschens hinaus – in verteilter, variierender Weise wiederholt werden.

b) **Generierungseffekt:** Die Wiederholung sollte aktiv, bewusst gesteuert durch aktives Erinnern und freies, individuelles Rekonstruieren erfolgen.
   Diese Form von Reaktivierung der Wissenselemente bzw. der angelegten Netzwerke führt zu einer Stabilisierung der Nervenverbindungen und Neuronalmuster im Gehirn. Dies stärkt so die Gedächtnisspur, was erst ein Erinnern ermöglicht.

c) **Gedächtnishilfen:** Schon beim ersten Bearbeiten, jedoch insbesondere auch beim Üben und Wiederholen müssen Abruf- bzw. Gedächtnishilfen eingebaut werden. Dies sind z.B. sowohl äußere (z.B. Visualisierungen in Form von Bildern, Skizzen / Strukturen, advance-organizer, inhaltsbezogene Bewegungen), als auch innere Abhilfen (z.B. thematische Bezüge / Anknüpfungen an Vorwissen). Diese unterstützen den Prozess des Abrufens.

Konkret könnten folgende Ansätze tragend wirken:

- "Faktenwissen durch Geschichten, Anekdoten, Bilder und Bezüge zu anderen Lebensbereichen und -situationen zu „illustrieren" und so in unterschiedliche Kontexte einzubauen;
- sich selbst sowie Lernende dazu zu animieren, eigene bildliche Vorstellungen von Ergebnissen zu entwickeln und diese festzuhalten;
- eigene Gedankenbilder, Mind Maps, sonstige Veranschaulichungen, Strukturskizzen, „Eselsbrücken" und Übersichten zu erstellen;
- unterschiedliche Lebens- und Alltagssituationen (er)finden lassen, in denen die Ergebnisse eine Rolle spielen (könnten);
- ganz bewusst auch emotionale Beurteilungen zu artikulieren und mit in den Verstehens- und Behaltensprozess zu integrieren." (nach Schirp, H.)

4.1.4 Eigene systemische Interventionen zur Selbstregulation

Jeder Mensch empfindet belastende bzw. herausfordernde oder stressige Situationen unterschiedlich. Ein systemisches Denken kann helfen, solche Situationen angemessen einzuschätzen, zu bewerten und zu reflektieren. Denn so gelingt es eher, die je eigenen Fähigkeiten am wirkungsvollsten aktivieren und einsetzen zu können.

Entscheidend ist das aktive Zugehen auf belastende Situationen sowie das bewusste Einsetzen von Bewältigungsstrategien. Hierzu gehört auch das Sehen der Begrenzheit der eigenen Kompetenzen sowie der je eigenen Grenzen.

„Für systemische Ansätze ist kennzeichnend, dass sie Symptome, die bei einer einzelnen Person auftreten, nicht als Eigenschaft dieser Person verstehen, sondern als Merkmale von Beziehungsstrukturen eines Systems." (Sparrer, 2006) Bei systemischen Interventionstechniken geht es z.B. darum gewohnte Denkweisen zu überprüfen, d.h. das Hinterfragen des (vermeintlichen?) Gestaltungsrahmens und das Üben / Anstreben bzw. Einnehmen anderer Perspektiven.

Damit dienen solcherart Interventionen sowohl dem gezielten Sammeln von Informationen als auch dem Vermitteln bzw. Einnehmen anderer Sichtweisen, die oft zu Lösungsansätzen führen. Interventionen können dabei auf verschiedenen Ebenen (z.B. emotionale, rationale, systemische) erfolgen. Wirksame Interventionen lösen Ordnungsübergänge in psychischen Systemen aus. Durch Information werden andere Sichtweisen über Objekte oder Ereignisse ermöglicht. So werden in diesem Moment bisherige relativ stabile Annahmen oder Überzeugungen in der Erlebniswelt nicht mehr als passend oder als „selbstverständlich" erlebt: Mit der „Welt" konfrontiert, eröffnet sich diese in der Wahrnehmung plötzlich als vielschichtiger und mehrdeutiger.

Durch die Komplexität und die damit verbundene, erlebte Instabilität / Verunsicherung kann sich eine neue kognitive Ordnung herausbilden. So kann ein „Anstoß" oder ein „Impuls" die „Welt" in einem neuen Licht als sinn- und bedeutungsvoll erscheinen lassen, oder die bisherigen Schemata werden in ihrer Sinnhaftigkeit bestärkt. Subjektive Konstruktionen von Wirklichkeit verändern sich, wenn Erfahrungen in der Erlebniswelt bzw. Informationen sich als unpassend zur derzeitigen kognitiven Struktur erweisen und folglich die Konstruktion nicht mehr als „viabel" erscheint. (vgl. Kiel, 2016)

Bei allen systemischen Interventionen bilden passende Frageweisen den Schwerpunkt. Mit den jeweiligen Fragen gelingt es z.B. in Belastungssituationen das von außen wirkende System genauer zu erschließen. Im Folgenden werden mögliche, situativ passende Frageweisen beschrieben:

Lineare Fragen: Sie richten sich auf Ursache- und Wirkungszusammenhänge (z.B. „Was geschieht wenn ...? ", „Wer ist wie beteiligt?", „Wer entscheidet...?)

Strategische Fragen: Sie wollen eine Person in eine bestimmte Richtung lenken, haben eine ´Korrekturfunktion´ und benennen vermutete Ursachen (z.B. „Könnte es sein, dass ...?", „Was führte zu Ihrer Entscheidung ...?" „Was wollten sie mit ... erreichen?, „Welche Überlegungen führten zu ...?", „Angenommen ... würde klappen, was wäre dann zu überlegen?)

Zirkuläre Fragen: Sie sind ein besonderes Merkmal systemischer Interventionen und fokussieren auf Perspektivwechsel und Unterschiede. (siehe nachfolgenden Exkurs).

Reflexive Fragen: Sie haben zum Ziel Hypothesen über die Zukunft aufzustellen und sind ein Sonderfall von zirkulären Fragen. (z.B. „Was wäre, wenn ... eingetreten ist?", „Was würde ... zu ... sagen?". „Wie könnte ... reagieren, wenn ...?", „Wie würden Sie sich fühlen bei ...?"

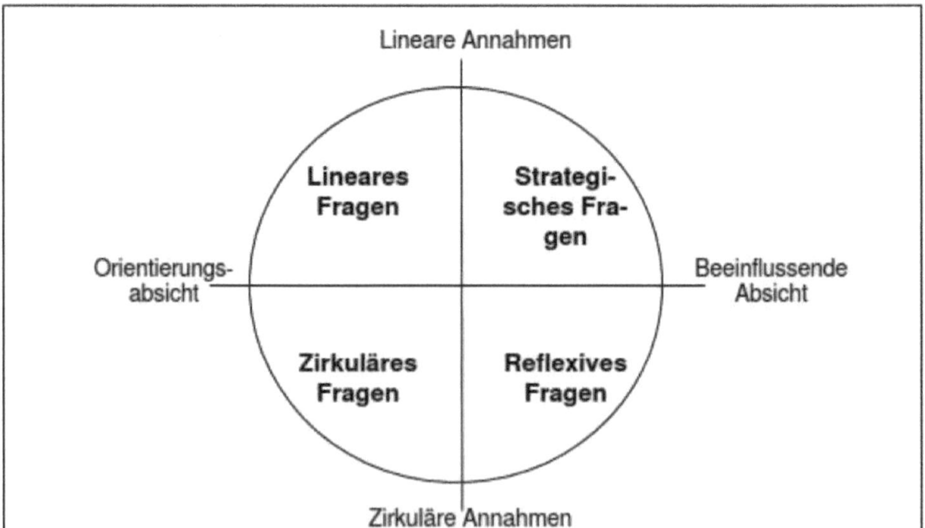

(nach Kasper/Mayrhofer/Meyer, 1999)

Sobald in einer belastenden bzw. schwierigen Situation andere Menschen beteiligt oder einbezogen sind, sind insbesondere „zirkuläre Fragen“ zum Erschließen von „zirkulären Prozessen in Beziehungssystemen“ hilfreich. Daher finden Sie im Anschluss den Exkurs „Zirkuläre Fragen“.

4.1.4.1 Exkurs: Zirkuläre Fragen

„Zirkuläre Prozesse in Beziehungssystemen können mittels zirkulären Fragen bei starren Kommunikations- und Interaktionsmustern aufgedeckt werden. Das ist dann bedeutsam, wenn solche zirkulären Prozesse Konflikte innerhalb des Systems verursachen. Dies geschieht durch eine gezielte Einnahme von unterschiedlichen Beobachtungspositionen und Perspektivenwechseln“ (nach Universität Köln, Methodenpool, 2020) Die zirkulären Fragen wollen solche Prozesse bearbeitbar machen. Hierzu werden „Die Beteiligten angeregt, ihre Vermutungen über Wünsche, Bedürfnisse, Meinungen, Beziehungen usw. anderer Beteiligter zu äußern.“ (ebd.) Zirkuläres Fragen führt beim Fragen eine „Außenperspektive“ ein, z.B. in einem Beziehungskontext. Zirkuläre Fragen orientieren sich stark an den beteiligten Personen. Sie wollen dazu anregen, die eigene Perspektive sozusagen probeweise aufzugeben und andere Sichtweisen und Perspektiven in Gedanken zu erproben bzw. experimentierend zu durchdenken (vgl. Stangl, 2019).

Die Methode des zirkulären Fragens intendiert nach Schippe /Schweitzer (2013):

- Informationen über den Kommunikationskontext zu sammeln,
- Kommunikationsangebote für alle Beteiligten sichtbar und in ihrem Sinn durchschaubar zu machen,
- festgefahrene Kommunikations- und Verhaltensmuster sowie Beziehungskonstellationen zu stören,
- Ideen für neue Deutungsmuster und Handlungsoptionen zu streuen (vgl. Schlipps/Schweitzer, 2013).

Mit zirkulären Fragen können z.B. auch Beziehungs- und Wirkungszusammenhänge aufgezeigt / erkannt sowie unterschiedliche Perspektiven auf Situationen eröffnet werden. Intendiert wird damit, dass die beteiligten Personen sowohl ihre Einschätzungen überdenken als auch einen Perspektivenwechsel vornehmen und so die Möglichkeit erhalten, eine Situation anders zu sehen bzw. zu bewerten.

„Lineare Wenn-dann-Zuschreibungen sind für kommunikative Prozesse immer zu einfach. Menschen sind keine Planetensysteme, die nach klar zu bezeichnenden Regeln um sich kreisen und voraus berechnet werden können. Eine zirkuläre Sichtweise hilft, die Verwobenheit von interaktiven Bezügen anzuerkennen [...] In einer zirkulären Haltung stehen wir möglichen Ursachen und Wirkungen offener gegenüber als in einer bloß kausalen Suche. Wir betrachten zirkulär vor allem die Unterschiedlichkeit der individuellen Erfahrungen und Erlebnisse, die wir kommunikativ austauschen, um ein vertiefteres, weites Bild über uns und unsere Interaktionen zu erhalten." (Reich, 2006)

Reich (2008) ergänzt dies durch:

- **Fragen nach Ressourcen:** Z.B. „Welche Stärken sehen Sie bei sich?", „Welche persönlichen Ressourcen zur Lösung des Problems haben Sie?
- **Fragen nach Ausnahmen:** Z.B. „Wo (Wann) tritt ... auf?", „Was haben Sie zuvor anders gemacht?"
- **Fragen zur Problemlage:** Z.B. „Was geschähe, wenn ... sich verschärft?", „Wodurch könnten Sie ... verschlimmern?"
- **Fragen nach dem Nutzen:** Z.B. „Wem würde das Aufrechterhalten von ... nützen?", „Wie würden Sie sich fühlen, wenn ... in Ihrem Sinne positiv gelöst wäre?"
- **Fragen nach dem „als - ob":** Z.B. „Angenommen Sie hätten ... entschieden / getan, was könnten / hätten Sie dann?", „Angenommen, Sie hätten sich ... verhalten, was würde das für Ihr Problem bedeuten?" (vgl. Reich)

Zirkuläres Fragen darf nie schematisch erfolgen, da es sonst Widerstände auslösen kann. Es muss in andere Frageformen eingebettet und situativ passend sein. Zudem sollte beim Einsatz von zirkulären Fragen ein belastbares Vertrauensverhältnis zwischen den Beteiligten bestehen.

Wichtig ist bei allen Fragearten, dass sich der/die Befragte respektvoll behandelt fühlen kann: Zirkuläres Fragen bedarf ggf. der Erklärung, warum diese Art von Fragen verwendet wird, um möglichen Irritationen vorzubeugen.

4.1.5 Aufbau von Schutzfaktoren / Erhöhen eigener Resilienz

Im Schaubild „Kohärenz-Rad“ wurden Ihnen schon die grundlegenden Schutzfaktoren, die für die eigene Resilienz relevant sind, vorgestellt. Nachfolgend präzisiere ich jeweilige Maßnahmen, um die eigene Resilienz zu erhalten bzw. weiter aufzubauen.

Optimismus

Die menschlich Haltung eines grundlegenden Optimismus gründet auf einem gesunden, angemessenen Selbstbewusstsein, was die Kenntnis der eigenen Fähigkeiten, Kompetenzen ebenso umfasst, wie das Anerkennen der eigenen, ggf. aktuellen Grenzen bzw. der Grenzen des aktuellen Systems, das dieses für je eigenes Handeln setzt (eigener Einfluss- und /oder Gestaltungsbereich). Das bedeutet für ein Handeln in belastenden Situationen:

Sie nehmen möglichst alle ihre einsetzbaren Fähigkeiten beim Herangehen an eine belastende oder schwierige Situation wahr bzw. in den „inneren Blick“ im Sinne eines Bewusstseins bzw. Bewusstwerdens eigener Stärken. Ggf. notieren Sie diese und legen sie an Ihrem Arbeitsplatz für Sie greifbar ab. Sie setzen Ihre Stärken passend zur Problemlage ein. Dabei analysieren und betrachten Sie die aktuelle belastende Situation in all ihren Facetten und richten dabei Ihren Fokus der Aufmerksamkeit auf Ihre Stärken und seien diese momentan gefühlt noch so klein. Sie machen sich konkret Ihre bisherigen positiven Erfahrungen (Haltung der Selbstwirksamkeit) z.B. in ähnlichen Sitationen bewusst. Sie blicken auch auf vorhandene bzw. mögliche positive Aspekte der aktuellen Situation und entwerfen dazu ein stimmiges mentales Bild. Sie sehen ein gewesenes Misslingen oder erfahrene Niederlagen als vorübergehend und nur auf besondere Fälle begrenzt bzw. als einmalig an. Sie betrachten jede Belastung und schwierige Situation als Herausforderung, die sich durch gründliches Nachdenken, passenden Einsatz sowie stimmige Ausdauer (Verhalten und Handeln) und damit durch eine passende Anstrengung zumindest schrittweise einer Lösung bzw. Bewältigung näher bringen lässt: Sei dies auch nur als Vergewisserung Ihres Könnens und Ihrer Fähigkeiten (z.B. Arbeits- oder Unterrichtsvorbereitung trotz problematischer Arbeits- oder Klassensituation bzw. -zusammensetzung). Jedes intensivere Beschäftigen bzw. auch sachbezogene Vorbereiten zu einer anstehenden Thematik bringt Sie selbst sowohl mental als auch im Thema selbst weiter und öffnet bzw. erweitert Ihren Blick. Sie handeln ggf. experimentierend, schrittweise und fokusieren Ihre Aufmerksamkeit auf die Sie einer Lösung näherbringenden Informationen, Methoden und Strategien sowie die konstruktive Bewertung auch von Teilergebnissen.

Akzeptanz

Sie richten den Fokus auf das, was sie mit Ihren eigenen Fähigkeiten verändern können. Sie unterscheiden, was in Ihren eigenen Einflussbereich fällt und was nicht. In sich lassen Sie unveränderliche Situationen mit den dabei aufkommenden Emotionen zu: Sie sind aktuell ein Teil von Ihnen, sprich, Sie vermeiden ein Verdrängen im Sinne von „Das darf nicht sein! - Das liegt allein an mir!“ Das bedeutet, dass Sie sich Ihren Emotionen stellen. Sie sorgen bestmöglich für sich selbst (z.B. gezielte Pausen, Bewegung, bewusst (langsam) Essen, nur reines Wasser trinken und das in ausreichender Menge). Sie arbeiten situativ bestmöglich an der Lösung der Belastung. Sie erkennen ggf. auch an, dass Sie eine bestimmte Aufgabe oder Belastung zu einer bestimmten Zeit nicht auflösen können und handeln dabei verantwortungsvoll. Bei in der Vergangenheit Geschehenem, das somit nicht mehr änderbar ist, hilft nur dies zu Akzeptieren, ggf. zu Betrauern, um so die eigenen Gedanken und die gesamte Aufmerksamkeit auf das Hier und Jetzt und allenfalls den eigenen Blick auf Zukünftiges zu richten: Dadurch werden mentale Kapazitäten frei, um voll konzentriert am anstehenden Problem zu arbeiten.

Verantwortung

Für Sie selbst gilt es Selbstverantwortung zu übernehmen für alle Themen, die in Ihrem Einflussbereich oder Machtfeld liegen, z.B. eigene Gedanken, eingesetzte Muster und Strategien, eingesetzte Zeit und eigenes Handeln. Sie lehnen zumindest mental alle Themen außerhalb ihres Einflussbereichs ab: „Ich ziehe mir nur mir passende Schuhe an!“ Sie vermeiden konkrete oder generalisierte Selbstvorwürfe sowie negative Projektionen in die Zukunft im Sinne von: „Das wird mich zukünftig massiv belasten.“ oder „Das schaffe ich aus ... Gründen doch nie!“ Sie erhalten auch bei eigenen Fehlern das eigene Selbstwertgefühl. Sie übernehmen für eigene Anteile an einem Misslingen die jeweilige Verantwortung und analysieren und betrachten was konkret geschah und wie sich dies zukünftig vermeiden ließe. Sie beziehen dabei systemisches Denken mit ein.(z.B. Blick auf den Kontext).

Haben Sie Verantwortung in bzw. für ein Team, so können auch dort zirkuläre Fragen bei Belastungssituationen zielführend sein. „In Beziehungen gelten keine eindeutigen und strikten Kausalbezüge, die linear ein Verhalten festlegen oder Kommunikation beschreiben können. Sind Sie ein maßgebliches Mitglied im Team, so tragen Sie auch Verantwortung z.B. für die Art und Weise der dort praktizierten Kommunikation. Diese sollte respektvoll und an der Sache bzw. an der Lösung orientiert sein.
Das Verhalten eines jeden Elements in einem zirkulären System ist durch Rückkopplung bedingt. Wenn sich auch technische Regelkreise nicht auf menschliches Verhalten direkt beziehen lassen, da sie nur einfache Wechselwirkungen beschreiben, so kann man dennoch die Metapher des Feedback aufnehmen und auf menschliche Kommunikation anwenden. Dies betrifft insbesondere die Erweiterung einer bloß kausalen Wenn-dann-Beziehung hin zu einer zirkulären: Jede kommunikative Äußerung wird in einer Kommunikation Anlass für andere Äußerungen, die dann, wenn sie zum Kommunikator zurückkehren, wieder Anlass für neue Äußerungen werden. Jede Äußerung birgt eine potenzielle Anregung oder auch Verstörung des Systems in sich. Dies ist für menschliche Kommunikation typisch.

Ich stelle nochmals die Bedeutung einer zirkulären Sichtweise bzw. einer zirkulären Haltung gerade in belastenden, schwierigen Situationen heraus: Lineare Wenn-dann-Zuschreibungen sind für kommunikative Prozesse immer zu einfach. Eine zirkuläre Sichtweise hilft, die Verwobenheit von interaktiven Bezügen anzuerkennen [...] In einer zirkulären Haltung stehen wir möglichen Ursachen und Wirkungen offener gegenüber als in einer bloß kausalen Suche. Wir betrachten zirkulär vor allem die Unterschiedlichkeit der individuellen Erfahrungen und Erlebnisse, die wir kommunikativ austauschen, um ein vertiefteres, weites Bild über uns und unsere Interaktionen zu erhalten.“ (Reich, 2006)

Wird in einer belastenden Sitiuation beispielsweise im Team die Zirkularität, z.B. eines Verhaltens als verursacht und verursachend, aufgedeckt und allen Beteiligten sichtbar gemacht, so eröffnen sich dadurch Möglichkeiten eines neuen Beurteilens einer Situation, was weitere Handlungsansätze eröffnet. Zirkuläres Fragen will „neue Informationen ins System" (nach Schippe / Schweitzer) einbringen. Somit ergeben sich meist neue Lösungsansätze, da sich z.B. gewohnte, eingefahrene Denkmuster bzw. -prozesse auflösen und sich bei allen Beteiligten neue Sichtweisen ergeben (können).

Lösungsorientierung

Unter der Fähigkeit Probleme lösen zu können wird verstanden, dass es einem Menschen möglich ist auch komplexe, „nicht eindeutig zuzuordnende Sachverhalte gedanklich zu durchdringen und zu verstehen, um dann unter Rückgriff auf verhandenes Wissen Handlungsmöglichkeiten zu entwickeln, zu bewerten und erfolgreich umzusetzen." (Leutner, Klieme, Meyer & Wirth, 2005) Nach Schlippe und Schweitzer (2013) kommt im systemischen Denken des Weiteren der Haltung der Ressourcen- und Lösungsorientierung grundlegende Bedeutung zu: „Zentral ist die Annahme, dass jedes System bereits über alle Ressourcen verfügt, die es zur Lösung seiner Probleme benötigt – es nutzt sie nur derzeit nicht [Es handelt sich also nicht um einen defizitären Zustand!]. Um die Ressourcen aufzufinden, braucht man sich nicht mit dem Problem zu beschäftigen, der Fokus liegt von vornherein auf der Konstruktion von Lösungen." (Schlippe / Schweitzer, 2013) Bitte bestärken Sie sich beim Herangehen an eine schwierige bzw. belastende Situation immer wieder in der Haltung, dass Belastungen und Probleme auch Chancen und Möglichkeiten beinhalten können. Richten Sie ihren Blick und Ihre Aufmerksamkeit beim Betrachten jeweiliger Situationen auf diese Chancen, z.B. auf einen unverhofften Lernprozess. Ergreifen Sie jede Chance z.B. für einen Perspektivenwechsel: Nämlich unter Einbezug Ihrer eigenen Ressourcen. So festigen Sie diese und machen zudem sich selbst mental flexibler, um diese Ressourcen zukünftig noch besser einsetzen zu können. Auf diese Weise stärken Sie auch Ihr Gefühl der Selbstwirksamkeit. Durch dieses Gefühl, nach und nach oder immer wieder einmal Verbesserungen bewirken zu können stärkt sich auch Ihr Selbstwertgefühl: Sie werden zunehmend selbstsicherer. Hierbei sollte Ihr Blick auf den von Ihnen entwickelten kreativen Lösungen vor allem in ggf. kleinen Bereichen liegen. Schätzen sie jeden (kleinen) Schritt hin zu einer Lösung. Wertschätzen Sie die von Ihnen gefundenen Ansätze und gefundenen möglichen gangbaren Wege. Nehmen Sie achtsam

sowohl Ihren Kummer in Form belastender Gefühle als auch Ihre positiven Gefühle wahr: Beides sind Teile in Ihnen und wollen gewürdigt werden. Vermeiden Sie Ettikettierungen nach dem Motto: Ich suche (kraftzehrend) eine schuldige Person.
Beim Konstruieren von Lösungen bzw. deren Anbahnen und Begleiten können durchaus passende Hilfsanfragen, als erbetenes ´Angebot´ angesagt und hilfreich sein: Z.B. erfragte, gewollte Hinweise, Anregungen und Interventionen durch z.B. das Aufsuchen einer beratenden Person.
Nach Balgo bedeutet die Ressourcen- und Lösungsorientierung „den Aufmerksamkeitsfokus vom ´Schatten´ zum ´Licht´, vom Defizit zum Profizit, vom Problem zur Lösung hin zu verändern.“ (Balgo, 1997) Nach Schlippe und Schweitzer (2013) hat es sich als sinnvoll erwiesen, „davon auszugehen, Menschen verfügten an jedem Punkt ihrer Entwicklung über eine Vielzahl von Möglichkeiten, sie entscheiden sich aber - aus subjektiv respektablen Gründen - vieles von dem, was sie tun könnten, zumindest vorläufig noch nicht (oder nur manchmal) zu tun.“ (Schlippe/ Schweitzer, 2013) Als gälte es in Belastungs- oder Stresssituationen „nur“ die jeweilig passenden eigenen Ressourcen aufzudecken und zu ergründen, um Möglichkeiten für Lösungen aus sich selbst heraus generieren zu können. Dem ist leider oft nicht so. Was tun? Zum einen gilt es zu wissen, dass Stress in einer kritischen Situation eine normale Reaktion des Körpers ist zum Selbstschutz: Eine Gefahr soll abgewendet oder verringert werden durch Aktivierung aller unserer psychischen und körperlichen Möglichkeiten. Zum anderen gilt es in schwierigen Situationen sinnvoll zu handeln: Mental ist es sinnvoll, bei einem Problem bzw. einer schwierigen Situation bestmöglich die eigene innere Balance wieder zu finden. Dazu benötigt es i.d.R. das Gewinnen einer inneren Distanz, zu deren Aufbau durchaus eine räumliche und zeitliche Distanz gehört. Eine wichtige Fähigkeit dazu ist das Betrachten einer Situation von der Metaebene heraus. Haben Sie diese Fähigkeit schon mehrfach angewendet, so gelingt Ihnen dies immer schneller. Nun können Sie all Ihr vorhandenes sachliches, methodisches und strategisches Wissen sowie Ihre Erfahrungen aktivieren um damit mögliche bzw. passende Ansätze und Handlungsalternativen zu entwerfen. Aus dem Blick der Metaebene heraus ergibt sich meist auch eine Art innere Gelassenheit bzw. innere Ruhe. Beides macht Sie psychisch hell wach und befördert passende Ideen durch den Zugriff auf all Ihre vorhandenen Kompetenzen.

Manchmal benötigt es dazu den sogenannten „Aha!"-Effekt. Dieser Effekt kann oft aus alltäglichen Situationen unverhofft auch von außen kommen. Das dann bewusste Wahrnehmen dieser aufspringenden Ideen mit Lösungspotential stärkt sowohl das eigene Selbstkonzept als auch die eigene Selbstregulation.

Netzwerkorientierung

Jeder Mensch ist ein Wesen, das Gemeinschaft braucht. Resilienz hängt wesentlich immer von Beziehungen ab. Das wird nicht nur von der Resilienzforschung vertreten. „Insbesondere die Bedeutung von sogenannten kompensatorischen Beziehungen, also zum Beispiel von Fürsorgepersonen aus dem erweiterten Familienkreis, Freunden, (Ehe-)Partnern oder pädagogischen/pflegerischen Fachkräften, wird immer wieder betont. [...] Es zeigt sich, dass es nicht entscheidend ist, zu wem diese Beziehung besteht, sondern wie diese Beziehung gestaltet ist, damit sie sich positiv auswirkt. Die Bezugsperson sollte:

- Konstant verfügbar sein;
- ein Gefühl der Sicherheit vermitteln;
- feinfühlig auf die Bedürfnisse eingehen können;
- wertschätzend sein, Vertrauen und Unterstützung bieten;
- das Selbstwertgefühl und das Selbstvertrauen stärken;
- eine optimistische Grundhaltung vermitteln; [...]
- herausfordernde, jedoch bewältigbare Anforderungen stellen und dabei individuelle, passgenaue Unterstützung anbieten;
- Ermutigung aussprechen und Erfolgsrückmeldung geben." (Fröhlich-Gildhoff, K / Rönnau-Böse, M, 2018)

Daher ist es erforderlich, dass ein Mensch in seinem jeweiligen Umfeld nach anderen Menschen sucht, zu denen er eine für ihn wohltuende Beziehung aufbauen kann und die ihn als Person akzeptieren sowie ehrlich und respektvoll mit ihm in Kontakt sind (Balance von Geben und Nehmen). Ebenso gehört im mitmenschlichen Bereich dazu, sich selbst behaupten und aufkommende Konflikte aktiv und angemessen bewältigen zu können.

Jede Kommunikation bedarf des eigenen Einsatzes, soll sie aufrechterhalten oder auch angemessen bzw. adäquat beendet werden.

Suchen Sie Menschen, die zu Ihren Themen gleichgesinnt sind. So auch zu „Leidensgenossen“, die ebenfalls auf der Suche nach Ansätzen für Lösungen ihrer Probleme sind. Vermeiden Sie z.B. manipulative, einseitige oder gar abhängig machende Beziehungen. Gehen Sie mit ehrlichem Interesse auf andere Menschen zu, seien Sie zu Anfang eher diplomatisch bzw. achtsam beobachtend bis Sie erahnen oder wissen, wen Sie vor sich haben: Achten Sie dabei auch auf Ihr „Bauchgefühl“. Suchen Sie auf emphatische Weise Kontakt zu anderen Menschen, die Ihnen ebenfalls auf emphatische Weise begegnen.

Zukunftsorientierung und -planung

Jeder Mensch entwickelt im Laufe seines Lebens eine Vorstellung davon, was für ihn so wichtig ist, dass er es erreichen bzw. verwirklichen will. Er wird dabei feststellen, dass sich diese Vorstellungen je nach Alter oder eingetretener Lebenssituation verändern. Es finden (zwangsläufig) immer wieder Umorientierungen statt. Jedes Leben ist dynamisch, eröffnet Chancen oder bringt Erfahrungen des Begrenztseins. Mit beidem gilt es verantwortlich für sich selbst und andere umzugehen. Entscheidend in Veränderungsprozessen ist es, passend zur je eigenen Situation möglichst viele Chancen zur eigenen Veränderung zu ergreifen, um dabei sowohl in Themenbereichen, als auch persönlich an Erfahrungen wachsen zu können. Mit jeder neuen Chance eröffnen sich Möglichkeiten für die eigene Zukunft. Hierzu sind Abwägungs- und ggf. Planungsprozesse erforderlich. Wobei Sie auf Ihr bisher erworbenen Wissen und Ihre bisherigen Erfahrungen zurückgreifen können, um eine mit hoher Wahrscheinlichkeit stimmige Entscheidung zu treffen. Bitte vermeiden Sie in möglichst allen Situationen, dass sie sich selbst oder von anderen unter Entscheidungsdruck setzen lassen. Jede Entscheidung sollte gründlich von allen ihren Facetten betrachtet und dann durchdacht erfolgen. Dies zeigt schon das Sprichwort: „Darüber muss ich noch eine Nacht schlafen!“ (Wir wissen, dass unser Gehirn auch im Schlaf arbeitet!)

Sie rufen sich positive Entwicklungen ins Gedächtnis, an denen Sie mitwirken oder mitgewirkt haben. Dies sollte bildhaft und möglichst detailliert geschehen, um Ihre intrinsische Motivation zu stärken. Sie beobachten Ihre Gedanken und üben insbesondere ein Fokussieren Ihrer Aufmerksamkeit auf für Sie schöne, beruhigende und gelingende bzw. gelungene Dinge. Sie spüren bei sich vorhandene „Denkfallen“ und negativ wirkende „Glaubenssätze“ auf und verändern sie z.B.

durch bewusst aufgesuchte oder initiierte Erfahrungen. Sie leiten erste Schritte hin zu einem Verbessern Ihrer Problemlösekompetenz ein. Sie verbessern ihre Möglichkeiten, um Pausen oder Ihre freie Zeit gezielter zum Entspannen zu nutzen. Sie suchen Möglichkeiten, um Ihre kreativen Fähigkeiten sowohl im Privaten wie im Beruflichen konstruktiv weiter zu entwickeln und auszubauen. Sie leiten erste Schritte ein, um für Sie passender mit aufkommendem Stress umzugehen (Siehe in der Literaturangabe Buch „Achtsamkeit".)

4.1.6 Spezifische Ansätze zum Stärken von Resilienz

Oben wurden schon verschiedene Ansätze benannt, u.a. derjenige über Fragen, z.B. „Welche Auswirkungen hat die belastende oder schwierige Situation?" oder „Was oder wer erhält das Problem aufrecht?"

Motivationsprogramm nicht nur für Kinder: „Ich schaff´s"

„Diese Methode eignet sich gut, um Lösungen für Probleme wie schlechte Angewohnheiten, aggressives Verhalten, Verlustängste, Trauer, Ängste, unangemessenes oder auffälliges Verhalten, Bullying, Wutanfälle, Aufmerksamkeitsstörungen, Konzentrationsschwächen usw. zu finden.

15 Schritte zur Lösung:

Schritt 1: Aus Problemen werden Fähigkeiten:
Um Probleme überwinden zu können, ist es notwendig, neue Fähigkeiten zu lernen. [...] In der Regel haben die Kinder mehrere Probleme. Hier ist es angebracht, eine Liste mit allen Schwierigkeiten zu erstellen und für jede eine zu erlernende Fähigkeit zu definieren. Es reicht auch festzustellen, was notwendig ist, um zufriedener z.B. in der Schule sein zu können.

Schritt 2: Mit einer Fähigkeit beginnen
Das Kind soll entscheiden, welche Fähigkeit es als Erstes erlernen möchte. Auf diese Weise ist es i.d.R. höchst motiviert, dies zu tun, da es selbst die Entscheidung treffen darf.

Schritt 3: Überprüfen auf Nützlichkeit
Gemeinsam mit dem Kind wird herausgefunden, welchen Nutzen es für sich selbst und für die Umwelt haben wird, wenn es diese Fähigkeit besitzt.

Schritt 4: Für die Fähigkeit eine Bezeichnung finden
Es ist wichtig, dass das Kind der Fähigkeit einen coolen Namen gibt, auf den sie/er stolz sein kann.

Schritt 5: Ein Kraft-Objekt kreieren
Hier kann das Kind seiner Phantasie freien Lauf lassen und eine Figur oder ein Objekt erfinden, das ihm dabei helfen wird, sich diese Fähigkeit anzueignen." (siehe Kapitel Zürcher Ressourcenmodell; ZRM)

Schritt 6: „Assistenten suchen

Beim Erlernen von etwas Neuem ist es notwendig, sich Unterstützung von anderen Personen zu holen. An dieser Stelle kann das Kind so viele Helfer wie notwendig um Unterstützung bitten.

Schritt 7: Zuversicht gewinnen

Mit dem Kind wird die Frage geklärt, warum es zuversichtlich / optimistisch ist, dass es diese Fähigkeit erlernen wird. Auch die Assistenten/innen sollten ihm vermitteln, dass sie sich sicher sind, dass es das schaffen wird.

Schritt 8: Ein Fest konzipieren

Als Belohnung für die Erreichung des Ziels wird ein Fest organisiert. Das Kind legt fest, wie diese Feier gestaltet sein soll: Wer darf dabei sein, wo soll es stattfinden, was wird gemeinsam getan usw..

Schritt 9: Die Fähigkeit darstellen

Das Kind beschreibt, wie es sich verhalten wird, wenn es die Fähigkeit besitzt. Dies kann z.B in einem Rollenspiel ausprobiert werden.

Schritt 10: Offiziell bekannt geben

Alle Bezugspersonen sollen erfahren, was das Kind zurzeit lernt. So können sie es dabei unterstützen, an der Sache dran zu bleiben. Es kann natürlich auch vorkommen, dass auf Wunsch des Kindes niemand davon erfahren soll. Dann muss dieser Bitte unbedingt nachgekommen werden.

Schritt 11: Die Fähigkeit trainieren

Nun legt das Kind fest, wie es diese Fähigkeit trainieren möchte. Eine Möglichkeit sind Rollenspiele.

Schritt 12: Hilfen entwerfen

Es kommt immer wieder vor, dass wir beim Erlernen von etwas Neuem zwischenzeitlich etwas anderes vergessen. Dem Kind wird diese Situation bewusst gemacht und es soll selbst entscheiden, wie es daran erinnert werden möchte, falls es etwas Wichtiges vergessen haben sollte.

Schritt 13: Die Errungenschaft zelebrieren

Sobald feststeht, dass das Kind die neue Fähigkeit beherrscht, sollte die Feier stattfinden. Diese Gelegenheit wird auch zum Anlass genommen, dass sich das Kind bei allen bedankt, die ihm beigestanden sind.

Schritt 14: Anderen die Fähigkeit beibringen
Da Kinder auch gerne andere Altersgenossen unterrichten, ist dies eine gute Möglichkeit. Es kann nun einer Leidensgenossin / einem Leidensgenossen dabei helfen, ebenfalls diese Fähigkeit zu erlernen.

Schritt 15: Die nächste Fähigkeit erlernen
Nun ist es an der Zeit die nächste Fähigkeit in Angriff zu nehmen. Da es beim ersten Mal geklappt hat, ist das Kind zuversichtlich, dass es auch noch etwas anderes, vielleicht sogar Schwierigeres, erlernen wird.“ (Rauscher, 2012)

Mit diesem Programm kann es auch in Gruppen gelingen, dass sich alle gegenseitig helfen und unterstützen. Diese Intervention stärkt auch die Fähigkeit, sich in eine andere Person einzufühlen. Vor allem müssen auch die Eltern der Kinder mit einbezogen werden.
„Diese Interventionsmöglichkeit eignet sich gut für die Lösung von individuellen Problemen, die sich z.B. auf eine ganz konkrete Situationen beziehen. [...] Es muss gewährleistet sein, dass die Intervention ohne Unterbrechungen erfolgt.“ (siehe Rauscher, 2012) Hilfreich ist es, wenn eine Person den gesamten Ablauf beobachtet, damit jeder Schritt genau abläuft.
Ein Problem in der Gruppe bzw. Klasse kann in der folgenden Weise öffentlich werden (z.B. im Klassenrat):

„**Phase 1:** Eine Person berichtet zum bestehenden Problem, die anderen hören möglichst genau zu. Je genauer die Situation geschildert wird, desto besser können sich die Zuhörenden das Ereignis vorstellen. Andere Betroffene können sich zum/zur Vortragenden stellen.

Phase 2: Die Teilnehmenden stellen Verständnisfragen
Je genauer die Fragen gestellt werden, desto besser können sich nicht direkt Beteiligte in die jeweilige Situation einfühlen. Am Ende dieser Phase sollte das Ereignis möglichst allen klar sein.

Phase 4: Hilfen anbieten
Der / die das Problem Vortragende darf sich nun an die Anderen wenden mit der Bitte um Hilfe, wenn dies noch notwendig ist.“ (nach Rauscher, 2012)

4.1.7 Klare Ziele und klare Aufgaben

Stehen Sie vor einer belastenden oder schwierigen Situation, so ist es hilfreich, sich an ähnliche Sitationen zu erinnern, die Sie bereits bewältigt haben und daran, was dort für Sie hilfreich war: Was kommt Ihnen als „bekannt" vor?, „Wo ist ein Präzisieren erforderlich, um wesentliche Faktoren erfassen zu können?", „Gibt es Unterschiede, die zu einem Umdenken führen?", „Welche Elemente müssen neu gelernt werden?" Wesentlich ist, dass Sie aktiv an eine schwierige Aufgabe herangehen. Aktiv bedeutet, dass Sie sich all Ihrer Stärken mit Blick auf die Herausforderung klar werden, sich diese z.B. bildhaft vorstellen und diese mit den Elementen der Aufgabe in Verbindung bringen. Setzen Sie sich dann zur Aufgabe passende Annäherungsziele im Sinne von Teilzielen in der Form, dass Sie sich sicher sind, diese mit entsprechendem Einsatz und passender Ausdauer erreichen zu können. - Annäherungsziele können ein erwünschter Zustand sein, der entweder zum ersten Mal erreicht, aufrechterhalten oder weiter ausgebaut werden soll. - Versuchen Sie diese derart zu definieren, dass eine Balance zwischen wahrgenommener Schwierigkeit der Aufgabe und den eigenen Fähigkeiten bzw. Stärken besteht. Sehen Sie eine Aufgabe eher als Herausforderung an. Stellen sie die Elemente der Aufgabe in den jeweiligen Kontext eingebettet dar und entwickeln Sie daraus dann eine bildhafte Struktur, die sowohl Inhalte oder Themen als auch zeitliche Gesichtspunkte enthält (Planungsgrafik).
Stellen Sie sich die Bearbeitung und Lösung der Aufgabe als Chance für sich sowie Ihre Tätigkeit als für sich und andere als wertvoll bzw. wichtig vor: Z.B. im pädagogischen Berufsfeld machen Sie ihre didaktisch-methodischen, inhaltlich korrekten Vorbereitungen sowohl für sich selbst im Sinne von „Ich kann und schaff das!", als auch für möglicherweise nur wenige Kinder / Jugendliche in der Klasse, die sich echt für das Thema interessieren lassen. - Denken Sie daran, dass Sie direkt keinen anderen Menschen motivieren können. Was Sie bestmöglich versuchen sollten ist, den Kindern / Jugendlichen / jungen Erwachsenen ein Thema und seine thematischen Facetten unter verschieden Zugangsmöglichkeiten mit z.B. jeweils passenden Veranschaulichungen und Arbeitsweisen „schmackhaft" zu machen und damit Anregungen zu geben zur Fokussierung der individuellen Aufmerksamkeit.

Sehen Sie sowohl bei sich, als auch bei Kindern / Jugendlichen usw. auch kleine Erfolge. Bei (Teil-) Misserfolgen, betrachten Sie vor allem den Kontext dahingehend, was alles in Ihrem tatsächlichen Einflussbereich liegt bzw. lag und was nicht und welche wirklichen Alternativen bezogen auf ein Ziel im gegebenen Kontext möglich sind bzw. waren oder hätten sein können. Seien Sie hier angesichts Ihrer realen Möglichkeiten flexibel und aktiv.

Hilfreiche Orientierungen sind dabei fünf Kriterien nach Csikszentmihalyi (1988):

- „Clarity: Die Person zeigt Klarheit in Worten und Zielen. Sie ist im Tun offen für aktuelles Feedback und zeigt eine offene Wahrnehmung.
- Center: Die Person kann die eigene Aufmerksamkeit bewusst richten und aufrechterhalten.
- Choice: Die Person erlebt sich als prinzipiell selbstbestimmt.
- Commit and Care about: Die Person übernimmt Verantwortung für die eigenen Handlungen und für die Wahl, die sie getroffen hat.
- Challenge: Die Person kann sich selbst Herausforderungen schaffen und so die erlebte Balance im Sinne des Flow-Korridors adaptiv regulieren."

Dies sind Merkmale einer autotelischen Persönlichkeit: Diese setzt sich Ziele, lenkt ihre Aufmerksamkeit selbstbestimmt, ist als Handelnde aktiv, lernt stetig weiter und erlebt Freude an ihrem Tun.

5 Persönliche Ressourcen finden, stärken und nutzen

Eine inhaltliche Thematisierung von Ressourcen besteht aus dem Ansprechen von Stärken und Lebensbereichen, in denen Sie sich als kompetent erleben, oder der Verwendung von Ausdrücken, Begriffen und Bildern, die eine positive Bedeutung für Ihre Ziele haben und Sie diese Ressourcen dann auch aktivieren (nach Groß, Stemmler, & de Zwaan, 2012).

Im Sinne eines solugenetischen Ansatzes müssen nach Arold/Schaarschmidt die individuellen und sozialen Ressourcen einer Person als Hilfen und Schutzfaktoren in den Vordergrund gestellt werden, damit eine gesundheitsförderliche Bewältigung von stressbelasteten Situationen erfolgen kann. Die Autoren sehen bei Betroffenen "eine aktive

Rolle bei der Mitgestaltung ihrer Beanspruchungsverhältnisse." (Arold/Schaarschnidt) Tausch weist ergänzend darauf hin, dass das Bewältigen von Stress auf multimodale Weise möglich ist: Zum einen durch die Veränderung der Situation im Sinne einer situations- bzw. problemorientierten Handlungsbewältigung und zum anderen durch ein Vermindern der je eigenen Erregbarkeit: Z.B. durch meditative Entspannungstechniken oder achtsamkeitsbasierte Übungen sowie daraus sich entwickelnde Veränderungen des Bewertens von jeweiligen Ereignissen z.B. durch ein erfahrungsbezogenes, kognitives Neubewerten und dadurch sich eröffnende weitere Handlungsalternativen (nach Tausch).

Ein Modell und Ansatz zum Erkennen und Stärken der je individuellen Ressourcen ist das „Züricher Ressourcen-Modell" (ZRM). Das Züricher Ressourcen Modell ist als Open Source angelegt. Die Kursmaterialien stehen auf der Homepage www.zrm.ch zum kostenlosen Herunterladen zur Verfügung. Die Universität Zürich bietet im Rahmen eines Zertifikatskurses eine Ausbildung zum ZRM-Trainer / zur ZRM-Trainerin an.

Nachfolgend erhalten Sie einen grundlegenden Einblick in die Elemente des Modells sowie ihre Merkmale und Anwendungsmöglichkeiten zum Erkennen und Stärken Ihrer persönlichen Ressourcen.

5.1 Züricher Ressourcen-Modell

„Mit dem ZRM können folgende Kategorien von Themen bearbeitet werden:

- Entwicklung, Bewegung, Veränderung
- Energie, Kraft und Harmonie
- Auf die innere Stimme hören
- Ruhe, Entspannung, Gelassenheit, Zeit und Raum
- Selbstsicherheit, Selbstbewusstsein, Selbstverwirklichung
- Integration vielfältiger Strebungen, Autonomie / Bindung, Freiheit / Stabilität." (Storch); 2017

Grundlagen des ZRM

Das Zürcher Ressourcen Modell beruht auf einem neurobiologischen Ressourcenbegriff. Dies bedeutet, dass alles, was gesundheits-

fördernde neuronale Netze aktiviert bzw. entsprechende Ziele fördert, als Ressource bezeichnet wird.
Das Züricher Ressourcen-Modell ist ein Selbstmanagement-Verfahren, das über Motto-Ziele, somatische Marker, einen individuellen Ressourcenpool und Embodiment in entsprechenden Situationen die individuellen Ressourcen aktivieren will. Dies stärkt die individuelle Antriebskraft für alles, was jetzt angepackt werden muss. Das ZRM unterscheidet dabei zwischen Intentions- (IG) und Extentionsgedächtnis (EG).

Exkurs: Intentions- und Extentionsgedächtnis

Das Intentionsgedächtnis (IG) ist das Gedächtnis für bewusste Absichten. Die Tätigkeit des IGs ist ans Bewusstsein gebunden. Das IG verfügt nur über wenig Arbeits- oder Speicherkapazität.
Um vorschnelles Handeln zu verhindern und dem Menschen die Möglichkeit zu geben, in Ruhe alle relevanten und auch langfristigen Faktoren zu bedenken, werden bei der Aktivierung des IG positive Affekte gehemmt, Eine bewusste Entscheidung des IGs verläuft langsam, seriell, und ohne Affekt.
Das Extentionsgedächtnis (EG) ist das Funktionssystem, das die Netzwerke aller autobiographischen Erfahrungen, Gefühle, Bedürfnisse, Motive und aktuellen Befindlichkeiten, Ziele, Normen und Werte einer Person enthält (Erfahrungsgedächtnis). Es arbeitet mit den unbewussten psychischen Systemen und besitzt den Zugang zu diversen Hirnarealen (Hyppocampus, Amygdala) und besonders auch zum autonomen Nervensystem (Lymbisches System). Das EG hat eine riesige Verarbeitungs- und Speicherkapazität. Es arbeitet und verarbeitet multicodiert. Damit speichert es einerseits viele Informationen und Erfahrungen parallel ab; seien diese nun bewusster und unbewusster Art. Es kann auch alle parallel abgespeicherten Informationen wieder abrufen, wenn ein passender Reiz (Stimulus) bei ihm ankommt. Das EG arbeitet sehr schnell und bewertet auf Grundlage von Affekten und mit hoher Geschwindigkeit.
Kahneman (2012) nennt diese Systeme Langsames und Schnelles Denken. Das Langsame Denken entspricht dem IG und das Schnelle Denken dem EG. (siehe Büche; 2017)

Fürs ZRM ist für ein persönlich und situativ stimmiges Verhalten vor allem das Extentionsgedächtnis entscheidend, das bei angestrebten Zielen immer einen „allgemeinen Zielkorridor“ ´anbietet´ (motivationale Ziele), um so eine möglichst breite Handlungspalette zu eröffnen.

Zusammenfassend: Eigenschaften von IG und EG (Storch; 2017)

	Intensionsgedächtnis	**Extensionsgedächtnis**
Verarbeitungsebene	bewusst	unbewusst
Motivationstyp	extrinsisch	intrinsisch
Code	verbal	somato-affektiv
Geschwindigkeit	langsam	sehr schnell
Funktion	Denken	Fühlen
Bewertung	analytisch	ganzheitlich
Zieltyp	spezifisch, konkret	allgemein, global
Affektzugang	Affektabkopplung	Affektsensisitivität

Eine andere Darstellung erweitert und präzisiert den Blick auf die beiden Gedächtnisarten (Wilson):

Intentionsgedächtnis (Bewusstsein)	**Extentionsgedächtnis** (adaptives Unbewusstes)
Ein System	Multiple Systeme
check und Ausgleichsmaßnahmen im Nachhinein	Online Mustererkennung
Arbeitet auf lange Sicht	Befasst mit dem Hier und Jetzt
Reflexionsgesteuert	Reizgesteuert
Kontrolliert (langsam, intentional, kontrollierbar, mit Anstrengung verbunden)	Automatisch (schnell, nicht intentional, unkontrollierbar, mühelos)
Flexibel, aber stark störanfällig	Rigide, aber wenig störanfällig
Wahr / Falsch - Bewertung (logisch)	Gut / Schlecht - Bewertung (heroisch)
Kommunizierbar über Sprache	Kommuniziert über somatische Marker
Hat Zugriff auf Arbeitsgedächtnis (Kurzzeitspeicher)	Hat Zugriff auf emotionales Erfahrungsgedächtnis (Langzeitspeicher)

Beide Gedächtnisarten sind vor allem für die Motivation bedeutsam.

5.2 Das Rubikon-Modell im ZRM

Das Züricher Ressourcen-Modell greift das Rubikon-Modell von Heckhausen und Gollwitzer auf, das ein motivationspsychologisches Modell darstellt mit der Intention eines zielrealisierenden Handelns. Heckhausen wählte den Begriff des Rubikon in Anlehnung an eine Aussage Julius Caesars, der im Jahre 49 v. Chr. mit den Worten „alea jacta est“ (lat: der Würfel ist gefallen) bekundete, dass er nach einer Phase des Abwägens den Entschluss gefasst hatte, mit seinen Soldaten den Fluss in Oberitalien mit Namen „Rubikon“ zu überschreiten und gegen Rom zu ziehen.

Mit diesem Modell wird es möglich, was ein Mensch gerne tun würde, seine Intention bzw. sein Handlungsziel, von Beginn an während seiner weiteren Genese zu begleiten. In einem Bild gesprochen: Ein Handlungsziel wird ´auf seiner Reise durch die Zeit begleitbar´. Mit diesem Modell wird „ein Überblick gewonnen über die verschiedenen „Reifungsstadien“, die ein Wunsch, ist er einmal im Bewusstsein aufgetaucht, durchlaufen muss, bis der betreffende Mensch soweit mobilisiert, motiviert und aktiviert ist, damit dieser Wunsch zum Ziel und mit Willenskraft verfolgt und aktiv in Handlung umgesetzt wird.“ (siehe Heckhausen; Storch) Die Rubikon-Metapher wurde gewählt, um „die Grundprobleme einer jeden Motivationspsychologie zu analysieren, nämlich die Wahl von Handlungszielen einerseits und die Realisierung dieser Ziele andererseits.“ (Gollwitzer) „Welche Karriere müssen Wünsche durchlaufen, damit sie effektiv in relevante Handlungen umgesetzt werden können?“ Die Grafik verdeutlicht den „Rubikon-Prozess“:

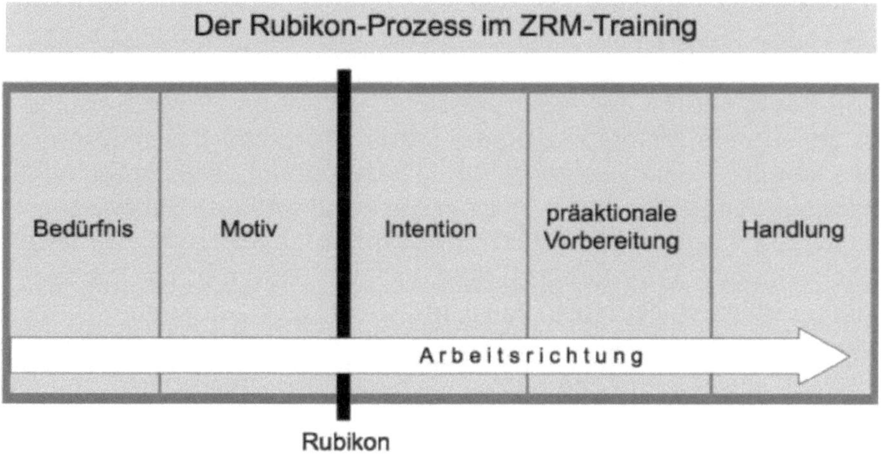

Gerade in belastenden oder schwierigen Situationen stellen sich hinsichtlich der je eigenen Handlungsfähigkeit und damit der Selbstwirksamkeit Fragen hinsichtlich verfügbarer bzw. aktivierbarer Ressourcen:

- „Welche Rolle spielen bewusste und unbewusste Funktionssysteme der menschlichen Psyche bei der Aktivierung von Ressourcen? - Die Theorie der Persönlichkeits-System-Interaktionen (PSI-Theorie) von Kuhl bietet zur Beantwortung dieser Frage eine optimale Grundlage.
- Welche Rolle spielt die affektive Bewertung beim Zustandekommen von intrinsischer Motivation? [...] Lässt sich hier eine Systematik finden, die für das Entwickeln von Zielen nützlich sein kann?
- Welche Konstruktionsebenen gibt es, auf denen Ziele entwickelt werden können? [...] Dies ist nötig, um verschiedene Zieltypen hinsichtlich ihres Stellenwerts für das innere Zielsystem einordnen zu können.“ (nach Storch)

5.3 Motto - Ziele

Motto-Ziele eröffnen eine Trainingsmethode zur gezielten Entwicklung von Handlungspotentialen und beruhen auf neuesten neurobiologischen Erkenntnissen menschlichen Lernens und empirisch abgesicherten motivationspsychologischen Theorien (Weber, 2013). Es ist ein Zieltyp, der bewusste und unbewusste Faktoren berücksichtigt. Er ist wirkungsvoll für Handlungen in einem dynamischen und komplexen Umfeld, deren Folgen nicht kontrollierbar sind. Dieser Ziel-Typ ist auch dann geeignet, wenn es ein hohes Goalcommitment (Zielentschlossenheit) braucht und einen Einstellungswandel fordert, da es auch tiefer liegende Persönlichkeitsmerkmale in den Prozess der Zielformulierung einbezieht. Dadurch kann in Bezug auf ein Ziel die intrinsische Motivation erhöht werden, da es mit diesem Zieltypus zu einer Veränderung auf der Haltungsebene kommt. (siehe Büche; 2017) Im ZRM-Training wird mit der Selbstregulation gearbeitet, in der der Verstand und das Unbewusste in mehreren Feedback-Schleifen aufeinander abgestimmt werden. Dadurch entsteht ein starkes Gefühl des Wollens, das nachhaltige Handlungsfähigkeit generiert. Auch in schwierigen Sitiationen kann dann ein Mensch passend bzw. situationsadäquat handeln.

Motto-Ziele müssen drei Anforderungen bzw. Kriterien erfüllen:

- Ein Motto-Ziel muss als Annäherungsziel formuliert sein!
  Die Wortwahl muss eindeutig ausdrücken, was sich ein Mensch

wünscht bzw. was er will. Beispiel: „Ich will Pausen einplanen, um mich selbst zu regenerieren!" Zentrale im Gehirn ankommende Impulse sind „Pausen" und „regenerieren". Zudem ist der Satz aktiv formuliert.

- Ein Motto-Ziel muss voll umfänglich im eigenen Einfluss- bzw. Kontrollbereich liegen!
  Ein Mensch verfügt nur dann über die volle eigene Handlungsfähigkeit, wenn er über alle Faktoren und Parameter selbst verfügt, um den Weg zum Ziel selbst steuern zu können.
- Das Motto-Ziel muss ein positives, starkes Gefühl bzw. einen positiven, starken Affekt aufweisen.
  Es geht dabei um die intrinsische, auch das Unbewusste umfassende Motivation. Das positive Gefühl muss mindestens bei +70 auf der positiven Skala liegen. Es dürfen keinerlei Zweifel aufkommen bzw. bestehen.

Motto-Ziele ermöglichen, die Abstimmung des IGs mit dem EG systematisch vorzunehmen und in Zielform zu bringen. Dabei arbeitet der Verstand (IG) symbolisch-verbal mit Worten und Begriffen und das Unbewusste, die vorsymbolische „Welt" (EG) mit emotional gefärbten Bildern.
„Motivational im Zielkorridor liegende Ziele steuern grundlegend das motivierende innerpersönliche ´Geschehen´ bzw. die innere Haltung, mit der psychisches Geschehen gesteuert wird." (Storch; 2017) Kruglanski et al. und Kopetz zeigen in ihrer Goal-Systems-Theory auf, „dass im Unterschied zu spezifischen Zielen ein allgemeines Ziel die Eigenschaft der Äquifinalität hat, was meint, dass es sehr viele Handlungen gibt, die für ein allgemeines Ziel zielführend sein können. Daher erarbeitet sich jede(r) Teilnehmende an einem ZRM-Seminar für sich ein spezifisches Motto, z.B. „Ich springe hinauf, entspanne und begrüße den Rundblick" oder „Ich beobachte und nutze die Chancen". So eröffnen sich zahlreiche verschiedene, mit dem ´Ziel-Motto´ vereinbare und für eine aktuelle Situation erprobbare Handlungsvarianten. Dies wirkt psychisch stärkend, weil Ziel und Handlungsvarianten übereinstimmen. Auch erfahre ich meine eigene Handlungsfähigkeit bei meinem Thema. (siehe de Jong; o.J.)

Will ich in mir ein Motto-Ziel aufbauen, so beginne ich damit, dass ich mir zu meinem Thema bewusst ein für mich erreichbares Ziel setze (IG). Zu diesem Ziel wähle ich mir ein reales Bild aus, das in mir eine positives Gefühl bzw. einen positiven Affekt auslöst. Damit wird mein

verbal formuliertes Ziel mit einem im Bild verankerten positiven Gefühl verknüpft (IG in Balance mit EG).
Dann suche ich mir (zwei) vertraute Personen, denen ich mein Thema nenne und das Bild zeige. - Wichtig ist, dass die Personen wissen, dass mein Thema für mich bedeutsam und wichtig ist. - Ich bitte diese Personen, mir zu meinem Thema ihre Assoziationen zu nennen. Dabei sollen die Assoziationen völlig frei sein. - **Struktur:** Spricht die eine Person, notiert die andere die Assoziationen und umgekehrt. -

Im Anschluss daran bekomme ich die „Protokolle" überreicht. Während des Nennens der jeweiligen Assoziationen achte ich darauf, welche davon in mir eine positive mentale oder körperliche Reaktion auslösen (somatische Marker). Habe ich das Protokoll erhalten, dann markiere ich diese Assoziationen, verknüpfe sie ggf. mit eigenen Ideen und entscheide, welche ich hauptsächlich auswählen möchte („Ideenkorb"). Der klassische Ideenkorb entsteht in einer Dreiergruppe. Mit Hilfe des Ideenkorbs bekomme ich Außensichten auf mein Thema. Gleichzeitig komme ich dadurch tiefer in die Thematik hinein und gewinne ein klareres Bild vom eigenen Thema. -

5.4 Somatische Marker im ZRM

Ob ein allgemeines Ziel vom Extentionsgedächtnis als erstrebenswert eingestuft wird oder nicht, wird mittels somato-affektiver Signale überprüft. „Diese somato-affektiven Signale hat der Gehirnforscher Damasio „somatische Marker" genannt. Als somatische Marker bezeichnet Damasio ein biologisches Bewertungssystem, das durch Erfahrung entsteht und über Körpersignale und/oder emotionale Signale verläuft. Somatische Marker sind in ihrer affektiven Komponente als Basalaffekte wahrnehmbar, d.h. noch nicht als differenzierte Emotion, sondern als diffuse Affekt-Anmutung im Sinne einer dualen Bewertung: Plus oder Minus, gut oder schlecht, aufsuchen oder vermeiden.
Im Volksmund heißt dieser Typ von Bewertungssignal auch „Bauchgefühl", wobei somatische Marker im ganzen Körper wahrgenommen werden können. [...] Wenn der menschliche Organismus sich später wieder in einer entsprechenden Situation befindet oder sich in einem vorausschauenden Planungsprozess darüber Gedanken machen muss, wie er mit einer bestimmten Situation umgehen soll, erfährt er über somatische Marker blitzschnell, was zu dieser Thematik bisher an

Erfahrungen gesammelt wurde. Damasios Untersuchungen haben ergeben, dass den somatischen Markern in Entscheidungssituationen eine zentrale Rolle zukommt. Körpersignale oder Emotionen, so diese Theorie, sind die entscheidenden „Stop"- oder „Go"- Signale bei Motivationsprozessen." (Storch;2017)

Das Gehirn kann zwar über seine Sinnesorgane durch die Umwelt erregt werden, diese Erregungen enthalten jedoch keine bedeutungshaltigen und verlässlichen Informationen über die Umwelt. Vielmehr muss das Gehirn über den Vergleich und die Kombination von sensorischen Elementarereignissen Bedeutungen erzeugen und diese Bedeutungen anhand interner Kriterien und des Vorwissens überprüfen. [...] Die Wirklichkeit, in der ich lebe, ist ein Konstrukt des Gehirns (nach Roth). Solche für das Bewusstsein zugänglichen Bedeutungen stellen die somatischen Marker in Form z.B. von Körpersignalen dar.

„Menschen, die nicht in der Lage sind, ihre somatischen Marker wahrzunehmen, haben keinen Zugang zu der Bewertung des EGs und haben deswegen keine Möglichkeit, bewusst gefasste Ziele daraufhin zu überprüfen, ob sie der eigenen Erfahrungs- und Wertewelt entsprechen. Kuhl bezeichnet dies als „Selbstinfiltration" – worunter er die Unterwanderung des eigenen Selbst durch fremde Zielvorstellungen versteht. Wenn Menschen ihre somatischen Marker wahrnehmen und feststellen, dass zwischen ihrem bewusst mit dem IG gefassten Ziel und der somato-affektiven Bewertung des EGs eine Diskrepanz besteht, befinden sie sich in einem Zustand der inneren Zerrissenheit und des Unbehagens (siehe Storch & Kuhl).

Es gilt zu lernen, wie die Diskrepanzen zwischen den beiden Systemen (IG) und (EG) synchronisiert bzw. bearbeitet werden können. Ein Übergehen der Signale des EG, um ein vom IG bestimmtes Ziel zu erzwingen, ist nach Storch nur bei kurzen Interventionen sinnvoll. Wer gegen den Widerstand des EGs über einen längeren Zeitraum versucht ein privates oder berufliches Ziel zu erreichen „wird entweder scheitern oder mit einem dauerhaften Gefühl der Selbstentfremdung bzw. des Missbehagens konfrontiert sein, was zu Depressionen bis hin zum Burnout führen kann." (Baumann, Kaschel & Kuhl) Nach Storch kann „die Abgleichung von Zielen aus dem IG mit den Erfahrungen und Werten des EGs auch beim Lösen von Zielkonflikten helfen. Weil das EG alle persönlich relevanten Erfahrungen berücksichtigt, ist es das einzige psychische Funktionssystem, das auch alle Widersprüche gleichzeitig

präsent haben kann und damit aus einer Überblicksposition heraus nach ganzheitlichen Lösungen suchen kann." (Storch; 2017)
Somatische Marker werden im ZRM-Training eingesetzt, um herauszufinden, welche Ziele die Teilnehmenden für sich verfolgen sollen. Mit Hilfe dieses Handwerkzeuges, das jedem Menschen mit einem unverletzten Gehirn zur Verfügung steht, werden die Teilnehmenden darin unterrichtet, Selbst-Diagnostik zu betreiben. Anhand ihrer Stop- und Go-Signale erarbeiten sie sich eine maßgeschneiderte, individuelle Handlungsabsicht. Dieses Vorgehen unterscheidet das ZRM-Training von anderen Methoden, in denen das wünschenswerte Verhalten aus Expertensicht vorgegeben und/oder allein auf Verstandesebene erarbeitet wird. Durch den Erwerb von Wissen über die Wurzeln der eigenen Motivierbarkeit werden die Teilnehmenden zu Experten für die eigene Person und steigern dadurch ihr Selbstwirksamkeitserleben, eine der wichtigsten Ressourcen für psychische Gesundheit und Kompetenzwahrnehmung. (siehe Schunk/Pajares).
Affekte nehmen maßgeblichen Einfluss darauf, wie ein Mensch eine Situation einschätzt und welche Handlungsmöglichkeiten er sieht. Untersuchungen haben ergeben, dass „positive und negative Affekte als zwei getrennte Dimensionen zu behandeln sind." (siehe: Storch & Kuhl) Auf die motivationalen Werte eines Ziels wirken sowohl die positiven wie die negativen Affekte ein. Ein eingeschätztes Ziel, das positive´ Affekte auslöst, wird motivational verstärkt, wohingegen ein Ziel, das negative Affekte auslöst, abgeschwächt wird. „Wenn das IG eine Bewertung über ein Ziel abgibt, wird die kognitive Einstellung erzeugt, wenn das EG eine Bewertung abgibt, entsteht die affektive Einstellung. Wie Ferguson (2008) ausführt, kann man davon ausgehen, dass zielrealisierendes Handeln desto einfacher von statten geht, je schneller und spontaner ein Mensch positive affektive Einstellungen gegenüber zielrelevanten Stimuli generieren kann. Hier haben wir die affektive Basis dessen, was als psychische Ressourcenaktivierung bezeichnet werden kann." (Storch;2017) Nach dem Rubikon-Modell (siehe oben) beginnt eine Handlung mit einem unbewussten Bedürfnis, das sich dann zu einem bewussten Motiv wandelt. Gelingt es nun den innerlichen „Rubikon" zu überschreiten wird aus der psychischen Ressourcenaktivierung eine handlungsleitende Intention und Entschlossenheit, sodass die Phase der sog. ´präaktionalen Vorbereitung´ eingeleitet wird, d.h. es erfolgen Planungen und Maßnahmen, um

anschließend konkret eine zielgerichtete Handlung auszuführen. (nach Storch;2017)

5.5 Embodiment des ZRM

Bei jedem Menschen stehen das psychische System und die Körperfunktionen in enger Verbindung bzw. einem stetigen Austausch miteinander. Überlastende Situationen eines Systems wirken auch auf das andere System. Das Konzept „Embodiment" befasst sich mit diesen Zusammenhängen. Insbesondere bewirken das Gehirn überlastende Situationen aufgrund des Ausschüttens von Cortisol und anderen Botenstoffen (z.B. Noradrenalin) spezifische Körperreaktionen: Der Körper wird auf die Mobilisierung aller Kräfte vorbereitet - Kampf, Angriff oder Flucht. Dies ist immer mit einer anstrengenden körperlichen Tätigkeit bzw. Aktivität verbunden. In aktuellen Berufsfeldern ist die Umsetzung einer körperlichen Aktion in den allermeisten belastenden Situationen nicht möglich: D.h. der Cortisolspiegel bleibt erhalten. Cortisol kann nur durch körperliche Bewegung abgebaut werden. Solange es im Körper ist, wirkt es z.B. fatal in allen Situationen, die eine gesteigerte oder starke geistige Leistung erfordern: Ein erhöhter Cortisolspiegel vermindert jedoch die Denk- und Gedächtnisleistung. Es gilt demnach durch individuell wirksame Maßnahmen zu erreichen, dass das Gehirn herausfordernde Situationen nicht als stressrelevant einstuft bzw. bewertet und somit kein Cortisol ausstößt.

Dies lässt sich durch eine vorbereitende bzw. reaktive Emotionsregelung erreichen. Vorbereitend meint, dass ein Mensch sich innerlich auf eine zu erwartende Emotion einstellt und im Vorfeld passende Körperhaltung mit Mimik und Gestik bzw. Handlungsweisen geistig oder konkret ´durchspielt´ (Selbstmanagement). Eine vorbereitende Emotionsregelung bewirkt, dass unpassende emotionale Reaktionen weitgehend unterbleiben. Da Körper und Psyche in Wechselwirkung stehen, kann zum Beispiel eine kurzzeitig eingenommene, stimmige Körperhaltung eine unerwünschte Emotionsreaktion verhindern. Tritt in einer überraschend aufkommenden Situation eine Emotion auf, greift das Gehirn auf bereits erfahrene Situationen und die dortige Bewältigungsweise zu. Dies bedeutet, je öfter präventiv ´durchgespielte´ und dann ggf. praktizierte Bewältigungsweisen

´erfahren´ wurden, desto eher können diese auch in unvorhersehbaren Situationen aktiviert werden.
Kurzzeitiger Stress kann förderlich sein, indem er stark aktivierend im Bewältigen von ungewöhnlichen Situationen wirkt und wichtige Lernprozesse auslösen kann. Jedoch auch bei kurz wirkendem Stress und insbesondere bei häufigem oder länger dauerndem Stress sollte bzw. muss jeder Mensch individuell passende, präventiv wirkende bzw. in einer aktuellen Situation das gehirneigene Bewertungsmuster (biologisches Überlebensprogramm) neutralisierende Maßnahmen ergreifen, um seine Gesundheit zu erhalten.
Das ZRM setzt hierzu sowohl bei den „Somatischen Markern" als auch beim „Ressourcenpool" an. Beide weisen das entscheidende Merkmal auf, dass sie vom jeweiligen Menschen selbst bestimmt, erarbeitet und im individuellen neuronalen Netz verankert wurden. Im ZRM-Training werden beide für den unbewusst ablaufenden Informationsverarbeitungsprozess im Gehirn u.a. auch durch mentales Training verfügbar gemacht: Die individuelle Bewertung einer Situation verändert sich. So stehen z.B. überlastenden Arbeitsstressoren spezifisch aktivierbare, vielfältige Ressourcen gegenüber, die ein proaktives Bewältigen erleichtern. Psychisch unterstützt wird das proaktive Bewältigen durch das praktizierte Priming, z.B. durch persönlich bedeutsame Erinnerungshilfen, durch individuell an Erfahrungen verdeutlichte konkrete geistige, soziale und körperliche Stärken / Fähigkeiten, des Weiteren durch das erlernte ´Hinhören´ auf Körpersignale als Ressource für einen handlungsbezogenen „Zielkorridor". Ein solches ´Hinhören´ auf Körpersignale hat auch als Konsequenz das bewusste Einplanen und Einhalten sowohl von individuell passenden Entspannungs- wie Bewegungsphasen. Dies alles bewirkt eine veränderte Bewertung von stressrelevanten Situationen, auch wenn diese häufiger oder über einen längeren Zeitraum bestehen.
Beim ZRM-Training erfahren und üben Teilnehmende Strategien zum Umgang mit stressrelevanten Situationen. Dazu lernen Teilnehmende Strategien zum Erkennen von Warnsignalen, die problematische neuronale Netze aktivieren und sie erarbeiten Stoppsignale zum Unterbrechen einer beginnenden Stressreaktion. Hierzu gehört auch der gezielte Einsatz des individuellen Ressourcen-Pools sowie der konkreten Handlungsvorsätze (Ausführungsintentionen). (nach Storch; 2017)

5.6 Ressourcenpool im ZRM

In ZRM-Seminaren baut sich jede(r) Teilnehmende einen individuellen Ressourcenpool auf. Dies geschieht dadurch, dass alle persönlichen Stärken notiert und an mindestens einem markanten Beispiel vor dem inneren Auge mit allen damit verbundenen positiven Emotionen präsent wird.
Der Aufbau eines Ressourcenpools beruht auf „neurowissenschaftlichen Grundlagen zur neuronalen Plastizität“ (Hüther) und gedächtnistheoretischen Erkenntnissen zum Erwerb von implizitem, das heißt unbewusstem, Wissen.“ (Markowitsch) Nach Markowitsch kann implizites, d.h. unbewusstes Wissen auf zwei Wegen erlernt werden:

a) Durch das Bilden von unbewusst ablaufenden Automatismen, z.B. über häufiges bewusstes Wiederholen, Üben und Trainieren.

b) Durch ein sogenanntes Priming, eine spezifische Form von unbewusstem Lernen.

5.6.1 Exkurs: Priming (Bahnung):

„Ein prime ist eine Art „Vorreiz“, der vor dem eigentlichen Reiz auftritt. Unter Priming versteht man allgemein mentale Verarbeitungsprozesse der passiven Aktivierung einer internalen Bereitschaft aufgrund kurz zuvor oder simultan erlebter Erfahrungen. [...] Der primende Reiz aktiviert Kontextinformationen, die top down bestimmen, wie schnell der nachfolgende Reiz verarbeitet wird, oder ob er korrekt erkannt wird, oder – bei uneindeutigen Reizen – auf welche Weise er interpretiert wird.
Auch bei handlungsrelevanten Primes, die so schwach sind, dass sie der bewussten Wahrnehmung nicht zugänglich sind, kann ein priming-Effekt auftreten. (Stangl, 2022;https://lexikon.stangl.eu/1378/priming).
Beispiel: Beschäftigen Sie sich gerade mit der Anlage Ihres Garten, so fallen Ihnen viele andere Begriffe rundum „Garten“ schneller ein.

Aus Experimenten ist bekannt, dass es unwesentlich für das Aktivieren von neuronalen Netzen ist, ob dies bewusst oder unbewusst erfolgt. Immer hat dies Auswirkungen auf eine Handlung. Wesentlich aufgrund der neuronalen Plastizität des Gehirns ist, dass das zu stärkende neuronale Netz so häufig wie möglich genutzt wird.

Das ZRM-Training bereitet solche Priming-Prozesse vor zum systematischen und konsequenten Festigen individuell erarbeiteter Handlungsabsichten. „Wenn das häufige Benutzen eines neuronalen Netzes, auch wenn dies unterhalb der Bewusstseinsschwelle geschieht, bereits den Vorgang der plastischen Veränderung neuronaler Strukturen in Gang setzt, dann kann mit einer einmaligen Aktion, nämlich der gezielten ′Installation′ von Erinnerungshilfen, sehr viel für die positiv adaptive (gesundheitsförderliche) Veränderung des Gehirns getan werden. Immer, wenn im Alltag diese Erinnerungshilfen in den Blick einer Person geraten, aktivieren sie wieder das entsprechende neuronale Netz. Um dies zu gewährleisten müssen diese Erinnerungshilfen ′exponiert′ sein.

5.7 Elemente eines meditativen, fokusierenden und entspannenden Übens

Im Folgenden werden einige konkrete, ′einfache′ Ansätze individueller Möglichkeiten von die persönliche Achtsamkeit stärkenden, ein Entspannen fördernden und zugleich jederzeit auch allein durchführbaren Übungen vorgestellt.

(A) Mentales Training

Ein mentales Training findet statt, wenn ein Mensch geistige Vorstellungsübungen macht, d.h. Dinge bzw. Situationen visualisiert bzw. übend immaginiert. Es ist eine wirksame Vorgehensweise, um sich z.B. emotionale oder geistige Techniken und Strategien (u.a. Bewältigungsstrategien) anzueignen. Im sportlichen Bereich wird dies häufig bei Leistungssportlern eingesetzt. Diese immaginieren z.B. vor einem Wettkampf die von ihnen durchzuführenden Abläufe. Übrigens finden mentale Übungen bei jedem Menschen bereits ′unbewusst′ statt: Wenn sich z.B. bei Ihnen vor oder nach belastenden Situationen bestimmte Bilder oder Abläufe (Zukünftiges ′ausmalen′) einstellen z.B. in Form von Befürchtungen (negative Gefühle).
Entscheidend für ein Verändern von Verhalten bzw. ein Umdeuten einer Situation ist, dass das Gehirn sowohl real gemachte sowie geistig sich vorgestellte Erfahrungen gleich behandelt: Beide sind in der Lage steuernd zunächst in der Psyche und dann im realen Tun zu wirken. So lassen sich z.B. gedankliche Gewohnheiten verändern: Mentales Training ist ein Üben, wie ein Mensch z.B. in einer bestimmten Situation denken, fühlen und handeln will. Je öfter ein solches Training

z.B. einer Denkweise stattfindet, desto eher findet sich dies in der realen Umsetzung wieder. Das mentale Training, konsequent und häufig passend eingesetzt, hat die Vorteile, dass es überall und fast jederzeit praktikabel ist und jedes Verhalten, jeder Gedanke und jedes Gefühl bewusst geistig trainiert werden kann. Entscheidend ist, wie bei jedem Üben das Dranbleiben, um einen wirklichen Effekt zu erzielen.

Ein mentales Training besteht aus zwei Teilen:
a) Übungen zum Entspannen; b) Mentales Training.

Ein mentales Training in Form einer Immagination kann auf zwei Arten durchgeführt werden: Einmal als ´Beobachter´ und zweitens als ´Handelnd Bewältigender´. Bei ersterem läuft eine geistig vorgestellte Situation filmartig ab. Der ´Beobachter´ ist Zuschauer und sieht wie er selbst in einer Situation gemäß seinen Wünschen, seinem Denken und Fühlen agiert. Beim Zweiten ist er selbst Handelnder und befindet sich geistig direkt in der jeweiligen Situation. Dies läuft ab wie eine Alarmübung bzw. ein Einsatzplan z.B. beim THW oder der Feuerwehr. Hier greifen auch gemäß der eigenen Wünsche geistig ausgesprochene Selbstinstruktionen. Alle Sinne sind ´real´ mit einbezogen, dies umfasst auch jeweilige Gefühle.

(B) Meditationen

> Das Herrliche hat die Wahrheit, dass sie uns
> Blick und Brust öffnet und uns ermutigt,
> auch in dem Felde, wo wir unser Wirken haben,
> auf gleiche Weise umher zu schauen und zu
> erneutem Glauben frischen Atem zu schöpfen.
> (JOHANN WOLFGANG VON GOETHE)

Bei Meditationen nimmt die meditierende Person gegenüber sich selbst bzw. dem Meditationsobjekt, z.B. dem eigenen Atem oder aktuellen Moment einen beobachtenden Status ein (Beobachtermodus). Dieser ´Beobachtermodus´ vermindert z.B. entstehende Emotionen und das Aufkommen neuer Emotionen. Es geht um bewusstes Wahrnehmen eines Beobachtungsobjekts. Im Alltag nehmen Menschen zumindest phasenweise oft nicht mehr bewusst wahr, was sie gerade tun bzw. mit welchen Wahrnehmungen ein Tun verbunden ist. Insofern beinhaltet Meditieren die geistige Qualität der Achtsamkeit, d.h. die Aufmerksamkeit wird dauerhaft auf ein bestimm-

tes reales oder geistiges ´Objekt´ gerichtet, ohne sich davon ablenken zu lassen.
Ablenkende Gedanken o.Ä. werden ohne Bewerten freundlich und geduldig registriert. Dies ist ein wichtiges Verhalten bei Meditationen; denn das Ziel ist das Üben eines immer besseren, bewussteren Fokussierens der Aufmerksamkeit. Das bedeutet, das Medititionsobjekt wird im Arbeitsgedächtnis gehalten. Seine geistige Kapazität ist mit dem Wahrnehmen voll belegt. Regelmäßige Übungen im Meditieren können klarere Einsichten ermöglichen, da ein verstärktes Wahrnehmen, ein mental klareres Sehen bzw. Erkennen bewirkt. Auf diese Weise ergibt sich eher ein intuitives Verstehen (siehe Extentionsgedächtnis), die Fähigkeit zum Perspektivwechsel, ein ´Sehen´ von Zusammenhängen und Wechselwirkungen sowie von Erforderlichkeiten.

Achtsamkeitsmeditation

Achtsamkeitsmeditationen beinhalten ein möglichst nicht-wertendes und nicht-identifizierendes Beobachten der Eindrücke und Erfahrungen in einem Moment. Im Beobachtermodus ist die gesamte mentale Kapazität frei und der Bewusstseinsstrom (Aufmerksamkeit) richtet sich auf die fünf Sinne (Sehen, Hören, Tasten, Riechen, Schmecken), die Körperwahrnehmung und das Wahrnehmen der mentalen Prozesse. Entsteht ein Gedanke, so wird er wahrgenommen und dann auch wieder losgelassen. Durch das fortwährende Beobachten der mentalen Prozesse lernen Meditierende sich zunehmend selbst kennen und können individuelle subjektive Reaktionen von den ankommenden Reizen unterscheiden. So gelingt es mit der Fähigkeit zum Beobachtermodus im Alltag zunehmend, die tief verankerten Reiz-Reaktionsmuster, die jeder Mensch entwickelt hat zu erkennen, zu stoppen und aufzulösen. Dies ist gerade bei heiklen Situationen sowohl im Berufsfeld als auch im privaten Umfeld bedeutsam und hilfreich. Wer mehr im Einklang mit sich selbst, gemäß der echten Gefühle, Werthaltungen und Ziele bewusst gelassener und mitfühlender handeln kann, wirkt und ist kompetenter (Selbstregulation) und strahlt mehr konstruktive Selbstsicherheit aus, was sich positiv auf das Miteinander auswirkt.
Achtsamkeitsmeditationen sollten in einem möglichst von äußeren Einflüssen freien Rahmen durchgeführt werden, da sie eine hohe Konzentration erfordern. Für die Meditation geeignete Objekte sind vielfältig. Wichtig ist, dass dieses Objekt ein positives Anmuten hat: Ein realer Gegenstand (z.B. eine Blume, ein bunter Stein, ein auszumalendes

Mandala, ein Bild, usw.), ein Klang (Klangschale, Klangstab, kurze Melodie, usw.) ein Geruch oder eine langsame, gleichmäßige Bewegung. bzw. die eigene Atmung, ein bewusstes Gehen in der Natur (z.B. Sehen, Hören, Riechen).

Atemmeditation

Vorteilhaft ist es, wenn diese Meditationen an frischer Luft stattfinden. Bei dieser Meditationsart können die Augen sowohl geschlossen als auch offen sein. Die Aufmerksamkeit richtet sich nach innen. Die Sitzhaltung ist aufrecht und locker; dies geschieht, indem das Becken leicht nach vorn gekippt wird, wodurch sich die Wirbelsäule von selbst mehr aufrichtet. Die Hände liegen z.B. locker auf den Oberschenkeln oder beim Liegen auf dem Bauch. Ein Meditieren ´in den Atem´ wirkt sowohl auf den Sympathikus als auch auf den Parasympathikus durch das regelmäßige Anspannen und Entspannen. Wichtig bei dieser Meditationsart ist ein Atmen über den Bauch (Bauchatmung), d.h. das Atmen erfolgt über das Zwerchfell, das sich hebt und senkt. Diese Meditationsart kann auf verschiedene Weise ausgeübt werden:

a) Vor der Meditation ´in den Atem´ sollten einige tiefe Atemzüge gemacht werden. Bei entspanntem Sitzen oder Liegen richtet sich die ganze Aufmerksamkeit auf den eigenen Atemrhythmus: Das gleichmäßige Heben und Senken der Bauchdecke; das Ein- und Ausströmen der Luft an der Nase. Wie bei allen meditativen Übungen werden aufkommende Gedanken registriert und die Aufmerksamkeit wieder auf das Atmen zurückgeführt. Eine Variante davon ist tiefer zu Atmen und nach dem Einatmen eine kurze Pause zu machen, dann nach einem tiefen Ausatmen wieder eine kurze Pause vor dem erneuten Einatmen usw. der Rhythmus beginnt von vorne. Die Übung kann sich zeitlich steigernd bis 10 Minuten dauern.

b) Verschiedene Autoren benennen weitere Formen des Atmens, z.B. das Atmen in einem bestimmten Rhythmus. Ein solcher Rhythmus muss zur meditierenden Person passen. So wird z.B. Folgendes empfohlen:

- Zu Beginn der Meditation werden einige normale Atemzüge bewusst wahrgenommen. Die Hände liegen auf dem Bauch. Jetzt wird tief eingeatmet und dann kurz und kräftig (hörbar) ausgeatmet; dann wieder tief Einatmen und kurz (stakkatoartig) ausatmen. Dies erfolgt bis zu 10 Mal.

Auf diese Weise wird z.B. verbrauchte Restluft aus den Lungen ausgespült.

- Hodeige präferiert eine sogenannte 4-Sekunden-Atmung, d.h. ein Atmen mit Zählen:
- Einatmen; Zählen von 21 bis 24 (Sekundentakt);
- Ausatmen; Zählen von 21 bis 24;

  und diesen Rhythmus über mindestens fünf Minuten beibehalten.
  (siehe Hodeige, N.: https://www.leben-mit-ohne.de/die-4-sekunden-atmung/)
- Die folgende Meditation findet im Stehen statt und bezieht zugleich eine Bewegung ein. Die Beine und Füße stehen schulterbreit gespreizt, die Knie sind leicht gebeugt, sodass ein bequemes Stehen möglich ist, die Arme hängen locker an der Körperseite herunter. Nun erfolgt ein tiefes, langsames Einatmen verbunden mit dem gleichzeitigen Heben der Unterarme und Hände vor der Brust bis Brusthöhe. Beim tiefen und langsamen Ausatmen werden die Handflächen nach außen gedreht und bewegen sich wieder zur Ausgangsstellung nach unten. Eine Variante wäre: Die Arme werden beim tiefen, langsamen Einatmen seitlich gestreckt am Körper hochgeführt, bis sich die Handflächen berühren. Beim tiefen Ausatmen drehen sich die Handflächen nach außen und die Arme werden wieder langsam in die Ausgangsstellung geführt. Dieser Ablauf wird mehrfach durchgeführt, am besten so lange, bis sich innere Ruhe eingestellt hat. Am Ende der Übung werden bei geschlossenen Augen die Hände auf den Oberbauch geführt und es finden noch einige tiefe Atemzüge statt.

Gehmeditation

Eine Unterart der Achtsamkeitsmeditation ist die Gehmeditation. Gehen sollte jeder Mensch so oft als möglich. Wenn wir gehen, geschieht dies meist zielgerichtet, d.h. das Gehen hat einen raumüberbrückenden Zweck hin auf ein oder mehrere Ziele. Für eine Gehmeditation sollte die Beschaffenheit des zu gehenden Weges sowie auf die eigene aufrechte Körperhaltung geachtet werden. Am besten wären naturbelassene Wege z.B. über oder entlang einer Wiese oder einem Waldweg. So möglich sollte barfuß oder zumindest mit Schuhen, die eine dünne Sohle haben, gegangen werden. Bei der Gehmeditation achtet der/die Gehende in erster Linie auf das Gehen selbst. Die Aufmerksamkeit richtet sich voll auf die dabei stattfindenden Abläufe und Körperreaktionen. Insbesondere wird auf das Anspannen und Entspannen der Muskeln von Beinen und Armen, das taktile Gefühl an den Füßen, bzw. der Fußsohlen, geachtet, die Signale über die Art des Bodens senden. Dieses taktile Erfahren des Bodens, seiner Beschaffenheit und meist auch seiner Festigkeit ´erdet´ und entspannt. Jeder bewusste Schritt fördert ein inneres Zurruhekommen. Zu Anfang reicht es, wenn wenige Schritte achtsam und langsam gegangen werden; dann sollte sich diese Schrittzahl nach und nach erhöhen.

Hörmeditation

Bei dieser Meditationsweise wird die Aufmerksamkeit auf das Sinnesorgan ´Ohr´ bzw. dessen Signale ans Gehirn gerichtet. Es ist ratsam am Anfang einige Entspannungsübungen zu machen, z.B. eine Atemübung oder eine Muskelanspannungs- und Entspannungsübung nach Jacobsen. Eine Hörmeditation kann sowohl zuhause als auch an von Verkehrs- oder Industrielärm freien Stellen in der Natur vorgenommen werden. Eine Hörmeditaion findet am besten im bequemen Sitzen oder Liegen statt. Beim Liegen ist ein leichtes Unterstützen von Nacken und ggf. unterem Rücken hilfreich zum Vorbeugen von Muskelverspannungen. Nach den Entspannungsübungen richtet sich die ganze Aufmerksamkeit auf das Hören. Dieses erfolgt ohne Bewerten oder Zuordnen: Alleine das Wahrnehmen der ursprünglichen Geräusche und ihr inneres Beschreiben, z.B. schrill, trällernd, rumpelnd, laut, leise, hoch tief, pfeifend, usw. ist wichtig. Findet doch ein Zuordnen statt, so soll dies ohne Bewertung freundlich und geduldig zu sich selbst wahrgenommen werden, um danach die ganze Aufmerksamkeit wieder den zu hörenden Geräuschen zu widmen. Die Übung kann z.B. mit einem Händeklatschen beendet werden. Danach kann ein Sich-Räkeln, d.h. ein Strecken und Dehnen, Schütteln von Armen und Beinen usw. erfolgen.

Imaginationsmeditation

Bei dieser Meditationsart ist eine/ein Meditierende(r) ganz bei sich. Die Aufmerksamkeit ist auf eine innere Vorstellung bzw. ein inneres Bild gerichtet als Objekt der Meditation. Ein Bild das vor dem inneren Auge z.B. aus dem Urlaub oder einer schönen Erfahrung entsteht, kann Meditationsgrundlage sein. Alle Elemente dieses ´Bildes´ gilt es wahrnehmend zu erforschen. Abschweifende Gedanken, Körperempfinden oder Gefühle werden geduldig, freundlich und ohne ein

Bewerten registiert, um danach wieder zum inneren Bild zurückzukehren, d.h. die Aufmerksamkeit wieder zu fokussieren.

Rückblickend intendiert eine Praxis der Resilienz und Ressourcenorientierung einen Prozess des Kultivierens einer achtsamen Haltung, sowohl sich selbst als auch der Umwelt gegenüber. Im Kern lässt sich eine Haltung der Achtsamkeit durch regelmäßiges Üben eines offenen, akzeptierenden Blicks sowohl nach innen als auch nach außen erreichen. So kann sich die Fähigkeit zum Fokussieren der eigenen Aufmerksamkeit entwickeln, die es erlaubt im gegenwärtigen Augenblick / Moment zu bleiben sowie bei allen abschweifenden Gedanken immer wieder zu diesem Moment zurückzukommen.

5.7.1 Exkurs: Meditation, Praxis von ´Achtsamkeit´ - Wirkungen im Gehirn

Während einer Meditation oder einer Übung zu Achtsamkeit aktivieren sich verstärkt bestimmte Gehirnareale. Erfolgt dies regelmäßig so nehmen nach Studien die graue und weiße Substanz im Gehirn an Dichte und Volumen zu (vgl. Ott). „Dabei haben unter anderem verschiedene Teile des präfrontalen Cortex (PFC), der Anteriore Cinguläre Cortex (ACC), die Insula, der Hippocampus und die Amygdala eine besondere Bedeutung. Die Funktionen dieser Bereiche sind folgende: Der PFC ist für gezieltes und geplantes Handeln zuständig und prägt durch seine steuernde Funktion, zum Beispiel durch Hemmung des limbischen Systems, auch Emotionen. Der ACC wird unter anderem mit der Aufrechterhaltung und Fokussierung der Aufmerksamkeit, der Koordinierung von Gedanken, dem Bemerken von Fehlern und der Integration von Denken und Fühlen in Verbindung gebracht. Die Insula nimmt den inneren Zustand des Körpers wahr und unterstützt die Reflexion von emotionalen Erfahrungen. Der Hippocampus hat unter anderem Einfluss auf Emotionsregulation, Gedächtnis und Lernen und reagiert empfindlich auf langanhaltenden Stress. Ein kleiner Hippocampus stellt einen Risikofaktor für psychische Erkrankungen wie Depressionen oder die Entwicklung einer posttraumatischen Belastungsstörung als Reaktion auf belastende Ereignisse dar. Eine Studie von Hölzel et al. belegt eine Vergrößerung der grauen Substanz unter anderem im linken Hippocampus nach Teilnahme an einem achtwöchigen MBSR-Kurs im Kontrollgruppenvergleich." (Librowicz)

Neurobiologisch gesehen gilt es „positive Emotionen zu kultivieren und negative Gefühle ´im Zaum´ zu halten. [...] Wenn wir uns in Selbstbeherrschung (Selbstregulation) üben, formen wir das Gehirn in doppelter Weise. Zum einen mindern wir die Wahrscheinlichkeit, dass eine negative Emotion überhaupt entsteht, weil die Verbindung zwischen dem Reiz und der Gefühlsantwort darauf geschwächt wird. Zum anderen stärken wir die Fähigkeit vor allem des Stirnhirns, solche Emotionen im Zaum zu halten, sollten sie doch ausgelöst werden. Denn wie die meisten Fertigkeiten gilt es auch die bewusste Kontrolle der Emotionen zu trainieren. Doch auch solches Training verändert wiederum die Struktur des Gehirns – mit der Folge, dass der Umgang mit den eigenen Gefühlen allmählich leichter fällt.“ (Klein)

Die folgende Grafik zeigt die von Knuf und Hammer entwickelte Wirkfaktorenspirale einer Praxis von resilientem und ressourcen-orientierten Verhaltens:

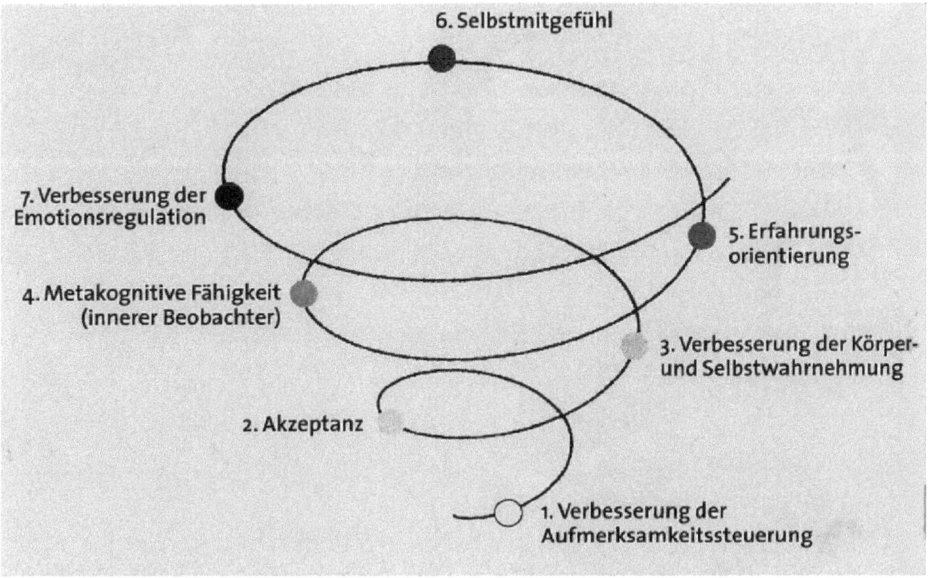

6 Anhang

Finden eigener Ressourcen; ein Fragebogen

Bitte benennen bzw. notieren Sie möglichst viele Situationen oder Dinge; so viele wie Ihnen einfallen!

- Welche Stärken haben Sie?
- Was würde eine Ihnen gut vertraute Person sagen, was Sie besonders gut können?
- Was ist Ihnen bisher alles gelungen?
- Woran haben Sie Freude?
- Was ist Ihnen im Laufe Ihres Lebens wichtig geworden? Wie versuchen Sie dies zu erreichen?
- An was haben Sie Interesse?
- Wie würden Sie an diese Aufgabe herangehen, wenn Zeit kein Faktor wäre?
- Was gefällt Ihnen an Ihren Hobbys besonders?
- Was haben Sie früher gerne gemacht?
- Welche Menschen mögen Sie gerne?
- Was gefällt Ihnen an Ihnen vertrauten Menschen besonders?
- Was würde eine Ihnen vertraute Person über Sie sagen, was Sie an Ihnen schätzt?
- Was gefällt Ihnen an einem anderen Menschen, dass Sie Vertrauen fassen?
- Woran würden Sie merken, dass es einem Ihnen wichtigen Menschen gut geht?
- Was haben Sie bisher dafür getan?
- Was haben Sie bei einem ähnliches Problem schon mal getan, um eine Lösung zu finden?
- Was genau gelingt Ihnen meistens gut?
- Was haben Sie unternommen, damit eine Herausforderung gut gemeistert wurde?
- Welche Ihrer Fähigkeiten unterstützten Sie beim Bewältigen einer kritischen Situation?
- Was wäre für Sie anders, wenn Sie das Problem gelöst hätten?

- Was würden Sie tun, wenn Sie jemand in diesem Fall um Hilfe bittet?

Zieltyp Mottoziele

In der wissenschaftlichen Zielpsychologie gibt es neben der Kategorie der spezifischen Ziele, die sich auf Verhalten beziehen, auch einen anderen Zieltypus, der intensiv beforscht wurde. Es sind dies Zieltypen, die weniger auf konkret beobachtbares und messbares Verhalten abzielen, sondern die sich auf eine innere Verfassung des Zielsetzenden beziehen; sie beschreiben innere Einstellungen und persönliche Haltungen.
Durch diesen Zieltyp wird motiviertes Geschehen grundlegend gesteuert, er bestimmt die innere Haltung, mit der psychisches Geschehen organisiert wird. (Storch; 2013)

Element	Intentionsgedächtnis	Extentionsgedächtnis
Verarbeitungsebene	bewusst	unbewusst
Motivationstyp	extrinsisch	intrinsisch
Code	verbal	somato-affektiv
Geschwindigkeit	langsam	schnell
Funktion	Denken	Fühlen
Bewertung	analytisch	ganzheitlich
Zieltyp	spezifisch-konkret	allgemein-global
Affektzugang	Affektabkopplung	Affektsensitivität

(Storch; 2013)

Motto-Ziele werden aus Ihrer Bilder- und Gefühlswelt gespeißt. Es sind für und auf Sie maßgeschneiderte Ziele! Motto-Ziele formulieren Sie bildhaft, metaphorisch im Päsenz. So sprechen sie ihr Unterbewusstsein (Unbewusstes) an und verknüpfen so IG und EG.

Beispiele für Motto-Ziele:

Ich springe hinauf, atme tief und setze mich, so gewinne ich einen Überblick.

Ich bin die starke Harpie und durchsteife zielsicher mein Revier.

Ich lebe meinen trittsicheren, lebensfrohen Steinbock.

Ich gönne mir meine friedliche Insel, erhole mich und lass meine Gedanken schweifen.

Literatur:

Arndt, H.; Systemisches Denken im Fachunterricht; Erlangen 2017.
Arold, H./Schaarschmidt, U.: Beanspruchungsmuster bei Lehrerinnen und Lehrern, Beitrag für „Deutscher Psychologentag und 21. Kongress für angewandte Psychologie" in Bonn 2001.
Baden-Württembert Stiftung (Hrsg.) ; Resilienzförderung in der Grundschule, Stuttgart 2015.
Balgo, R.; Vom Defizit zum „Profizit" – oder: von Lern- und Verhaltensproblemen zu möglichen Lösungen; in: System Schule; Heft 3/1997.
ders.; Bewegung und Wahrnehmung als System; Systemisch-konstruktivistische Positionen in der Psychomotorik; in: Reihe Motorik, Band 21; Schorndorf 1998.
Balgo, R. / Voß, R..; Wenn das Lernen der Kinder zum Problem gemacht wird; Einladung zu einem systemisch-konstruktivistischen Sichtwechsel; in: Voß, R. (Hrsg.): Die Schule neu erfinden; Systemisch-konstruktivistische Annäherungen an Schule und Pädagogik;Neuwied 1999.
Barth, A.; Systemisches Denken in der Kinder- und Jugendhilfe; Erlangen 2007.
Bateson, G.; Ökologie des Geistes; Anthropologische, psychologische, biologische und epistemologische Perspektiven; Frankfurt /M 1985 / 1987.
ders.: Geist und Natur; Eine notwendige Einheit; Frankfurt /M 1993.
Baumann, N., Kaschel, R. & Kuhl, J.;Striving for unwanted goals: stress-dependent discrepancies between explicit and implicit achievement motives reduce subjective well-being and increase psychosomatic symptoms. Journal of Personality and Social Psychology, 89; 2005.
Behrens, M.; Die Bedeutung von Körper und Bewegung für die kindliche Resilienz; Köln 2010.
Bengel, J. / Lyssenko, L.; Resilienz und psychologische Schutzfaktoren im Erwachsenenalter; Forschung und und Praxis der Gesundheitsförderung (Bd. 43); Köln 2012.
Berndt, Ch.; Resilienz; Das Geheimnis der psychischen Widerstandskraft; München 2018[7].
Beushausen, J.; Ein Überblick über die Theorie sozialer Systeme; o.O.o.J.
Bräutigam, J.I.; Systemisches Denken im Kontext einer Bildung für nachhaltige Entwicklung; Freiburg 2014.
Bronfenbrenner, U.; Die Ökologie der menschlichen Entwicklung; Stuttgart 1981.
Büche, A.; Motiviert und ressourcenvoll riskante Gespräche führen; Salzburg 2017.
Conrads, E.I.; Systemisch-konstruktivistische Ansätze und ihre mögliche Perspektive; Aachen 2009.

Csikszentmihalyi, M.; The flow experience an its significance for human psychology; New York 1988; in: Blickhan, D.; Anleitung zum Glück-lichsein; Berlin 2017.
Deinert, K; Sieben Säulen der Resilienz; o.O.; 2018.
de Jong, K; Achtsamkeit; Wiesbaden o.J.
Eisele, F.B.M.; Die Theorie der Ressourcenerhaltung in der Arbeistwelt; Wuppertal 2016.
Foerster von, H.: Das Konstruieren einer Wirklichkeit; in: Watzlawick, P. (Hrsg.) 1995.
Fröhlich- Gildhoff, K./ Rönnau- Böse, M.; Resilienz. München 2009.
dies. Resilienz, Resilienzförderung und Personzentrierter Ansatz; in: Gesprächspsychotherapie und Personzentrierte Beratung 2/2018.
ders., Rieder, S.; Resilienzförderung in der Grundschule; in: Grundschule macht stark; Stuttgart 2015.
Glasersfeld von, E.; Wissen, Sprache und Wirklichkeit; Braunschweig 1987.
Görich, K.; Fitt fürs Klassenzimmer; Ein Resilienzförderprogramm für Lehramtsstudierende; Bad Heilbrunn 2019.
Gollwitzer, P.M.; Abwägen und Planen. Göttingen 1991.
Graham, L.; Der achtsame Weg zu Resilienz und Wohlbefinden: Wie wir unser Gehirn vor Stress und Burn-out schützen können; Freiburg 2014.
Grawe, K., Grawe-Gerber, M.; Ressourcenaktivierung - ein primäres Wirkprinzip der Psychotherapie; Psychotherapeut 44; 1999.
Gubo, M.; Wissen und Wissenschaft der Systemtheorie; Leipzig 2016.
Hasselhorn, M. / Gold, A.; Pädagogische Psychologie - Erfolgreiches Lernen und Lehren; Stuttgart 2013.
Heckhausen, H.; Motivation und Handeln. Berlin 1989.
Heimreich, I. / Lieb, K; Schutzmechanismen gegen Burnout und Depression; Mainz 2015.
Hüther, G.; Bedienungsanleitung für ein menschliches Gehirn; Göttingen 2001.
ders.: Wie Embodiment neurobiologisch erklärt werden kann; in: Storch, M./Cantieni, B./Hüther, G./Tschacher, W.; Embodiment; Die Wechselwirkung von Körper und Psyche verstehen und nutzen; Bern 2006.
ders.: Die Macht der inneren Bilder; Göttingen 2015.
Huschke-Rhein, R.; Systemische Pädagogik; Ein Lehr- und Studienbuch für Erziehungs- und Sozialwissenschaften, Band 3; Systemtheorien für die Pädagogik: Umrisse einer neuen Pädagogik. Köln 1989.
de Jong, K.; Achtsamkeit; Wiesbaden o.J.
ders.: Lernstrategien; Wiesbaden o.J.
ders.: Führen und Leiten in innerer Balance; Wiesbaden o.J.
ders.: Beziehungskompetenz Bd. 1 + 2; Wiesbaden o.J.
ders.: Beraten und Coachen; Wiesbaden o.J.
Kahneman, D.; Schnelles Denken, langsames Denken; Heidelberg 2012.

Kalisch, R.; Der resiliente Mensch; Wie wir Krisen erleben und bewältigen; München 2020.
König, E., Vollmer, G.; Handbuch systemische Organisationsberatung; Weinheim 2008.
Kiel, V.; Systemische Beratung und die Resonanzbildmethode; Koblenz 2016.
Krieger, D. J.; Einführung in die allgemeine Systemtheorie; München1996.
Laucht, M./ Esser, G./ Schmidt, M. H.; Wovor schützen Schutzfaktoren? Anmerkungen zu einem populären Konzept der modernen Gesundheitsforschung; Zeitschrift für Entwicklungspsychologie und Pädagogische Psychologie 1997.
King, M.: Behinderte Wirklichkeit, Insbruck 2008.
Knuf, A. / Hammer, M.; Grundlagen von Achtsamkeitskonzepten; in: dies. (Hrsg.); Die Entdeckung der Achtsamkeit in der Arbeit mit psychisch erkrankten Menschen. Köln 2013.
Kruglanski, A. W., Shah, J. Y., Fishbach, A., Friedman, R., Chun, W. & Sleeth-Keppler, D.; A theory of goal-systems; Advances in Experimental Social Psychology, 34; 2002.
Leutner, D., Klieme, E., Meyer, K. & Wirth, J.; Die Problemlösekompetenz in den Ländern der Bundesrepublik Deutschland; in: M. Prenzel, J. Baumert, W. Blum, R. Lehmann, D. Leutner, M. Neubrand, R. Pekrun, J. Rost & U. Schiefele (Hrsg.), PISA 2003; Der zweite Vergleich der Länder in Deutschland – Was wissen und können Jugendliche?; Münster 2005.
Luhmann, N.; Soziale Systeme; Grundriss einer allgemeinen Theorie; Frankfurt/M Main, 1993.
ders; Selbstreferentielle Systeme; in: Simon, F.B. (Hrsg.) 1997.
ders.; Einführung in die Systemtheorie; Heidelberg 2004.
ders.; Organisation und Entscheidung; Wiesbaden 2006.
Manteufel, A./Schiepek, G.; Systeme spielen; Selbstorganisation und Kompetenzentwicklung in sozialen Systemen; Göttingen 1998.
Martenstein, R.; Förderung der Lern- und Behaltensleistung durch Aktivierung des Vorwissens; Gießen 2016.
Masten, A. S., K. M.; Best a. N. Garmezy; Resilience and development: Contributions from the study of children who over-come adversity. Development and Psychopathology 2; 1990.
Maturana, H. R.; Erkennen; Die Organisation und Verkörperung von Wirklichkeit; Ausgewählte Arbeiten zur biologischen Epistemologie; Braunschweig 1982.
der.; Was ist erkennen?; München 1994.
Maturana, H. R. / Pörkensen, B.; Vom Sein zum Tun. Die Ursprünge der Biologie des Erkennens. Heidelberg 2002.
Michalak, U.; Dem Neuen eine Chance geben! Lösungsorientierte Gesprächsführung – ein nützliches Konzept für die psychologische

Telefonberatung: In: Maaßen, M. / Groll, T. / Timmerbrink, H. (Hrsg.): Mensch versteht sich nicht von selbst; Münster 1999.
Münster, B.; in: DailyMentor; Die sieben Säulen der Resilienz; Berlin 2022: https://dailymentor.de/psychologie/die-7-saeulen-der-resilienz/ (07.05.2022).
Neugebauer, B.; Umgang mit Komplexität - Systemisches Lernen; Modul 4; Stuttgart 2014.
Oerter, R.; Kultur, Ökologie und Entwicklung; in: Oerter, R., Montada, L. (Hrsg.); Entwicklungspsychologie; Ein Lehrbuch; Weinheim, 1998.
Ossimitz, G.; Entwicklung systemischen Denkens; München 2000.
Pawlowski, K.; Konstruktiv Gespräche führen; München, Basel 2005.
Palmovski, W.; Woran erkenne ich den systemisch-konstruktivistisch orientierten Lehrer? in: System Schule. Heft 4/1999.
Polt, W., Rimser M.; Aufstellungen mit dem Systembrett - Interventionen für Coaching, Beratung und Therapie; Münster 2006.
Rauscher, E. (Hrsg.); Lernen und Raum; in Pädagogik für Niederösterrich Bd. 5; Baden 2012.;
Redl, F.; Adolescents- Just how do they react; in: G. Colpen a. S. Debovici (eds.): Adolescence: Psychosozial perspectives. New York (Basic Books); 1969.
Reich, K.; Konstruktivistische Didaktik; Lehren und Lernen aus interaktionistischer Sicht; Berlin 2004.
ders.: Systemisch – konstruktivistische Pädagogik; Einführung in die Grundlagen einer interaktionistisch – konstruktivistischen Pädagogik; Weinheim 2006.
Reich, K. (Hrsg.); Universität Köln; Methodenpool, 2008; http://methodenpool.uni-koeln.de/download/zirkulaeres-fragen.pdf; gelesen: 18.06.2022
Roth, G.; Das Gehirn und seine Wirklichkeit. Kognitive Neurobiologie und ihre philosophischen Konsequenzen; Frankfurt/M. 1997.
ders.; Fühlen, Denken, Handeln. Wie das Gehirn unser Verhalten steuert; Frankfurt/M. 2003.
ders.; Persönlichkeit, Entscheidung und Verhalten. Warum es so schwierig ist, sich und andere zu ändern; Stuttgart 2007.
ders; Erkenntnis und Realität; Das reale Gehirn und seine Wirklichkeit; in Schmidt, S.J. (Hrsg.); Der Diskurs des Radikalen Konstruktivismus; Frankfurt 1987.
Saller, L. S.; Einer für alle?: Die fünf Sinne als Herausforderung für philosophische Wahrnehmungstheorien, Zürich 2014.
Scheithauer, H./ Niebank, K./ Petermann, F.; Biopsychosoziale Risiken in der frühkindlichen Entwicklung: Das Risiko- und Schutzfaktorenkonzept aus entwicklungspsychopathologischer Sicht; in: Petermann, Niebank,

Scheithauer (Hrsg.); Risiken in der frühkindlichen Entwicklung; Entwicklungspsychopathologie der ersten Lebensjahre; Göttingen 2000.
Schlippe, A. v. & Schweitzer, J.; Systemische Interventionen; Göttingen 2010.
Schlippe, A.v. / Schweitzer, J.; Lehrbuch der systemischen Therapie und Beratung I; Göttingen 2013.
Schmidbauer, W.; Dranbleiben - die gelassene Art, Ziele zu erreichen, Freiburg 2002.
Schulze, C; Konstruktion - Kommunikation - Therapie; Köln 2004.
Schunk, D.H. & Pajares, F.; Competence Perceptions and Academic Functioning; in: Elliot, A.J./Dweck, C.S. (Eds.): Handbook of Competence and Motivation; New York 2005.
Simon, F. B. (Hrsg.); Lebende Systeme; Wirklichkeitskonstruktionen in der systemischen Therapie. Frankfurt/ M 1997.
Simon, F. B.; Die Wirklichkeit des Konstruktivismus in: Hans Rudi Fischer (Hrsg.) Heidelberg 1998.
Simon, F. B.; Systemisches Denken und Handeln; in: Systemische Beratung Band: SB0310; Kaiserslautern 2014.
Simon, F. B./Clement, U./Stierlin, H.; Die Sprache der Familientherapie; Ein Vokabular; Stuttgart, 1999.
Sparrer, I.; Systemische Strukturaufstellungen; Theorie und Praxis; Heidelberg 2006.
ders.: Wunder, Lösung und System; Lösungsfokussierte Systemische Strukturaufstellungen für Therapie und Organisationsberatung; Heidel-berg 2009.
Sparrer, I. / Kibéd M.V.; Lösungen mit System; Weischbillig 2010; http://www.wachstums-impulse.de/pdf/loesungen-mit-system-tetralemma.pdf (30.01.2020)
Speck, O.; System Heilpädagogik; Eine ökologisch reflexive Grundlegung; München, Basel 1998.
Spitzer, M.; Neuronale Netzwerke und Psychotherapie; in Günter Schiepek (Hrsg.); Neurobiologie der Psychotherapie; Stuttgart 2003, S. 42-57).
ders.: Lernen; Gehirnforschung und die Schule des Lebens; Heidelberg, Berlin 2002.
ders.; Geist im Netz; Modelle für Lernen, Denken, Handeln; Heidelberg, Berlin 2000.
Stachura, E.; Der neurobiologische Konstruktivismus; o.O. 2010.
Stangl, W.; Systemisches Fragen; in: werner stangls arbeitsblätter; https://arbeitsblaetter.stangl-taller.at/PSYCHOTHERAPIE/Systemisches-Fragen.shtml (18.12.2019).
Stingl de Vasconcelos Guedes, T.; Begehrtes Wissen - eine systemtheoretische Reflexion; Wien 2011.
Storch, M.; Das Geheimnis kluger Entscheidungen – Von somatischen Markern, Bauchgefühl und Überzeugungskraft (5. Aufl.). Frankfurt/M 2008.

dies.; Das Zürcher Ressourcen-Modell ZRM; Ressourcen aktivieren mit Motto-Zielen; in: J. Schaller & H. Schemmel (Hrsg.), Ressourcen ... Ein Hand- und Lesebuch; Tübingen 2013 / 2014.
dies.: Stressmanagementtraining mit dem Zürcher Ressourcen Modell; Zürich 2005.
dies.; Motto-Ziele, S.M.A.R.T.-Ziele und Motivation. In B. Birgmeier (Hrsg.), Coachingwissen; Wiesbaden 2010.
Storch, M./Cantieni, B./Hüther, G./Tschacher, W.; Embodiment. Die Wechselwirkung von Körper und Psyche verstehen und nutzen; Bern 2006.
Storch, M. & Krause, F.; Selbstmanagement - ressourcenorientiert: Grundlagen und Trainingsmanual für die Arbeit mit dem Zürcher Ressourcen Modell ZRM (4. Aufl.); Bern 2007.
Storch, M. & Kuhl, J.; Die Kraft aus dem Selbst - Sieben Psychogyms für das Unbewusste (2. Aufl.); Bern 2013.
Strasser, U.; Neuere Ansätze in den Sozialwissenschaften und ihre Bedeutung für die Heilpädagogik; in: Hagmann, Thomas (Hrsg.); Heil- und Sonderpädagogik und ihre Nachbarwissenschaften; Aktuelle Ansätze in Forschung, Lehre und Praxis; Luzern: Ed. SZH/SPC, 1995.
Tausch, R.; Förderlicher Umgang mit seelisch-körperlichen Stress-Belastungen; Möglichkeiten für Erwachsene und Jugendliche; in: E. Meyer (Hrsg.); Burnout und Streß, Praxismodelle zur Bewältigung; Hohengehren 1991.
Töpfer, N.; Förderung der Ressourcenrealisierung; Jena 2019.
Welzer, H.(Hrsg.); Das soziale Gedächtnis. Hamburger 2001.
ders; Kriege der Erinnerung; in: Gehirn & Geist 05: Heidelberg 2005.
ders.; Das kommunikative Gedächtnis; München 2005.
Weber, J.; Optimierung der Selbstregulation durch Motto-Ziele; Osnabrück 2013.
Wilson, Th.D.; Gestatten, mein Name ist Ich. Zürich 2004.
Wustmann, C.; Resilienz. Widerstandsfähigkeit von Kindern in Tageseinrichtungen fördern; Weinheim und Basel 2004.

Sie haben bereits Führungserfahrungen in einer Organisation mit einem Bildungs- und Erziehungs- oder Betreuungsauftrag und Sie wollen Ihre Erfahrungen auf fundierten Aussagen reflektieren, verändern oder ausbauen.
Sie sind neu in einer Führungsfunktion und wollen wichtige Handlungsfelder im Führungs- und Leitungsbereich durchdenken, Ideen und Ansätze sammeln und sicher gestalten.
Sie streben eine Führungsfunktion an und wollen wichtige Führungs- und Leitungsaufgaben kennenlernen bzw. sich auf diese vorbereiten? Dann eröffnet Ihnen das Buch eine breite Sicht auf wichtige Themenfeldern des Führens und Leitens einer im Bildungs-, Erziehungs- oder Betreuungsbereich angesiedelten sozialen Organisation, sei dies eine Schule, ein Hort oder ein Kindergarten sowie eine ähnliche Einrichtung. Sie erhalten für Ihr Führungs- und Leitunghandeln gründliche, kurze Informationen mit praxisbezogenen Ansätzen, zahlreiche konkrete Anregungen und in den beigefügten Anlagen praktische Handreichungen zu den im Buch angesprochenen Themen.

Das Buch ist aus der Praxis für die Praxis geschrieben und will Sie in Ihrer Leitungsfunktion unterstützen. Sie leiten eine im Bildungs-, Erziehungs- oder Betreuungsbereich tätige Organisation oder eine Abteilung darin mit weitgehend selbstverantwortlich arbeitenden und qualifiziert ausgebildeten Mitarbeitenden z.B. eine Schule, ein Heim für Kinder / Jugendliche, einen Kindergarten oder Hort. Sie erfahren sowohl für Sie selbst wie für konkrete Leitungs-aufgaben theoretisch fundierte, praktische Anregungen und konkrete Instrumente, wie Sie Ihre Leitungsweise verbessern und Abläufe passend optmieren können. Zugleich steigern Sie durch die vorgestellten strukturellen Maßnahmen / Methoden sicht- und erfahrbar für Ihre Mitarbeitenden Ihre Leitungskompetenz, z.B. in Felder wie: Konferenzen, Besprechungen, Beratungen leiten; Gespräche mit Erziehungsberechtigten oder Verhandlungen mit z.B. dem Träger führen; Fördern von Mitarbeitenden durch Coaching; Beurteilungen von Mitarbeitenden verfassen, usw.

ISBN: 9463867384

In der pädagogischen Arbeit mit Kindern und Jugendlichen ist ein grundlegendes gegenseitiges Vertrauen von entscheidender Bedeutung. Ohne eine tragfähige oder belastbare pädagogische Beziehung sind weder Erziehungs- noch Bildungs-prozesse gestaltbar. Nun lebt jedoch jeder Mensch in seiner eigenen, von ihm konstruierten Wirklichkeit. Diese Konstruktionen beruhen auf Reizen unserer Sinnesorgane, die an unser Gehirn weitergeleitet werden. Das Gehirn als autopoietisches System bewertet und interpretiert dies; denn es hat sonst keinen direkten Zugang zur wirklichen Realität. Mein Gehirn speichert gewonnene Interpretationen als meine Erfahrungsinhalte zusammen mit jeweiligen Emotionen im Langzeitgedächtnis ab. Diese Erfahrungen werden bei Interaktionen mit anderen Menschen abgerufen, mit dem aktuell für mich erkennbaren Handeln sowie den situativen Kontexten verglichen und wirken dann handlungssteuernd. In diesem ersten Band stelle ich Ihnen Grundlagen und kurze, beispielhafte Ansätze vor, die für gelingende, nachhaltige pädagogische Beziehungen erforderlich sind.

ISBN: 9463867392

Der Aufbau vertrauensvoller und tragfähiger pädagogischer Beziehungen zu allen Beteiligten in Ihren Gruppen stellt die Voraussetzung dafür dar, dass die jeweiligen Kinder in der Lage und bereit sind, zusammen mit Ihnen zu Lernen und zu Arbeiten. Es gilt, eine zumindest zeitweise erreichbare dynamische Balance zu erreichen, um bei Mitwirken der Kinder das fachliche und soziale Lernen und Arbeiten in ansprechender Weise zu gestalten. Wichtige Gesichtspunkte dabei sind professionelle Nähe und Distanz sowie umfassende fachliche und didaktisch-methodische Kenntnisse und Erfahrungen, sowie eine grundlegend wohlwollende Haltung gegenüber Kindern. In diesem Band stehen die Fragen der Klassenführung mit ihren Facetten im Mittelpunkt. Auch gehe ich auf die Bedeutung von Regeln und Ritualen sowie das Umgehen mit Lernschwierigkeiten ein. Besonders bedeutsam ist die Fähigkeit in kritischen Situationen handlungsfähig zu bleiben, was in einem Teilkapitel angesprochen wird. Alle aufgegriffenen Themen beinhalten zahlreiche Anregungen, Hinweise, Beispiele und Ansätze für das Handeln in jeweiligen Kontexten.

ISBN: 978-9463675369

Das Buch stellt Personen, die Lehren und Unterrichten Ansätze für das Gestalten aktiver, eher gehirngerechter Lernprozesse vor, mit zahlreichen konkreten Anregungen. Damit will es sowohl Studierende eines Lehramtes, Referendare als auch junge und junggebliebene Lehrkräfte ansprechen und über eine effiziente Vorbereitung zum Anregen aktiver, nachhaltiger Lehr- und Lernprozesse ermuntern. - Jeder Mensch lernt durch das Konstruieren seiner Wirklichkeit und das immer wieder Rekonstruieren beim Bewältigen der Aufgaben und Herausforderungen im Leben, so auch beim Lernen in Bildungseinrichtungen. Die Texte des Buches stellen zahlreiche Themen vor, die gehirngerechte Lernprozesse ermöglichen können. Sie erfahren, was beim Lernen im Gehirn geschieht. Die Kapitel sprechen u.A. an: Lerncoaching, Selbstgesteuertes Lernen, Kompetenzen entwickeln, Erfahrungsbezogenes Lernen, Sichern-Vergewissern von Lernergebnissen, Soziales Lernen, Handlungsorientiertes Lernen, Problemorientiertes Lernen, Individualisiertes Lernen, Projektartiges Lernen, Lernen mit digitalen Medien, Lernen spielerisch, Lernen Aufmerksamkeit, Lernen mit Methode, Lernprozesse strategisch vorbereiten.

ISBN: 9789463671521

Im Buch erfahren Sie sowohl wichtige Grundlagen, als auch beispielhaft konkrete Handlungsansätze zum Aufbau und Gewinnen von persönlicher innerer Stärke. Achtsamsein bewirkt mittels gezielter, bewusst praktizierter Verfahrensweisen sowohl erhöhte Konzentrationsfähigkeit, als auch ein tiefes Entspannen. Sie bekommen Anregungen, die Ihnen ein sowohl inneres, mentales, als auch körperlich muskuläres Entspannen bzw. ´zur Ruhe kommen´ ermöglichen, bei gleichzeitig nachhaltigem Stärken der mentalen wie physischen Vitalität. Entscheidend ist das entsprechende ´Dranbleiben´. Dies bedeutet, dass Sie schon nach kurzer Zeit mit den entsprechenden Übungen aktuell anstehende Herausforderungen gelassener annehmen und mit innerer Stärke stimmiger bearbeiten können. DazuvermeidenSie aus eigenem Achtsam-sein, sich noch mehr als erforderlich aufzuladen im Sinne von ´so viel als nötig und so wenig wie möglich´.

ISBN: 9789463980944

Lernen – Was ist das? Im Buch erfahren Sie die große Bedeutung von Lernstrategien. Das Verfügen über Lernstrategien ist eine eminent wichtige Fähigkeit, um effizienter und nachhaltiger Lernen zu können. Auch die Bedeutung von Lern- und Arbeitstechniken und deren Bezüge zu Lernstrategien sind Thema im Buch. Hierzu gehört auch das Wissen um die Funktionsweisen des menschlichen Gehirns beim Lernen, insbesondere des Arbeits- und des Langzeitgedächtnisses. Das individuelle Anwenden von Lernstrategien und die dazu einsetzbaren Primär- und Stützstrategien sowie das Aufbauen und Einsetzen von Metastrategien werden Ihnen im Buch genau erläutert. Ebenso erfahren Sie, welche Bedeutung die Lernumgebung hat und wie Sie diese selbst optimieren können. Für Sie wichtig ist, dass Sie Lernstrategien selbst lernen und trainieren können. So können Sie auch komplexe Aufgabenstellungen mit passenden Lern- und Problemlöseprozessen erfolgreich bearbeiten. Hierzu erhalten Sie Informationen zum besseren Lese- und Textverständnis und wie Sie ihre eigenen Lernkonzepte entwickeln können. Im Buch erhalten Sie genaue Informationen, wie Sie schon beim Lernen Erinnerungsspuren legen, um das Gelernte später sicherer und leichter wieder abrufen zu können. Sie finden im Buch fachpraktische Anregungen zu Lernstrategien, Lernkonzepten, Strategien zum Sprache lernen sowie zum selbstregulierten Lernen.

ISBN: 9789463987554

In den einzelnen Kapiteln des Buches erhalten Sie zum einen Einblicke in systemisch-konstruktivistische Grundlagen von Beratungs- und Coachingprozessen, so zum Beispiel zu Systemischem Denken und Systemischen Interventionen. Zum andern finden Sie dazu in den jeweiligen Kapiteln konkrete Anregungen und Beispiele zur Struktur, dem Aufbau, der Prozessgestaltung und mögliche Abläufe. Dem Umgang mit komplexen Situationen und der Prozessgestaltung ist ein umfangreiches, praxisorientiertes Kapitel ebenso gewidmet wie der Pädagogischen Kurzberatung, den Lernstandsgesprächen und dem Lerncoaching. Im Buch wird auch das wichtige Thema der je eigenen Psychohygiene beispielhaft am Modell der professionellen Selbstreflexion dargestellt. Das Kapitel Methoden bei Beratung und Coaching rundet das Buch kurz und prägnant sowie theoretisch fundiert mit zahlreichen, praxisorientierten Anregungen und Beispielen ab.

ISBN: 9789403618661

In diesem Buch will ich Sie dazu anregen, bewusster mit Ihrer Sprache umzugehen. Sprache ist ein hoch komplexes Geschehen. Elemente, Wechselbeziehungen und Wirkungen daraus zu kennen ermöglicht es, Gespräche bzw. Gesprächssequenzen bewusster und individuell stimmiger führen zu können. Dazu erfahren Sie im Buch sowohl Wirkungen von meist unbewussten, körpersprachlichen Signalen als auch solche von Wörtern bzw. Satzstrukturen. Anhand von Modellen lernen Sie Facetten von verbaler Sprache kennen. Damit können Sie zum einen Ihre Gespräche besser reflektieren und zum andern sich besser darauf vorbereiten. Sie haben oft unbewusst gelernt, in bestimmten Situationen eine spezi-fische verbale Sprache zu sprechen und dazu individuell ´passende´ Körpersignale zu senden. Im Buch finden Sie zahlreiche Beispiele und Anregungen, um Ihre Sprache bewusster einsetzen zu können.